hito*yume book

国語科

主体的学習における教師の「指導」

―学習のための指導・学習のための評価―

兵庫教育大学大学院 教授
勝見 健史

文溪堂

はじめに

ここ数年間、授業のすがたは大きく揺れ動きました。

「主体的・対話的で深い学び」の実現を目指す学習指導要領のもと、小集団学習による対話活動がさまざまな活動場面で導入されるようになりました。また、「探究」の重要性が叫ばれ、総合的な学習の時間だけではなく教科内での問題解決学習の重要性も議論されるようになりました。

しかし、このような協働型、知識再構成型の授業像が求められる中、コロナ禍が世の中を襲いました。コロナ禍は、対話型・協働型の授業に急ブレーキをかけると共に、カリキュラムに遅れを生じさせないための授業の効率性の要求、無事に学年のカリキュラムを終えるための進度優先、履修主義の、学びの深まりの欠如を生じさせるものでもありました。また、スクールGIGA構想で全ての子どもたちに配布されたタブレットは、コロナ禍の状況下におけるオンライン授業や課題配信のツールとして浸透するにとどまっている学校も多く、ICTを活用して“誰一人取り残さない”という「個別最適化」の理念は、国の目指す“協働型の授業と一体的に充実”することとは乖離した、個人への教材配信・課題提出のためのツールとしてとどまり、むしろ対話的な学び・協働的な学びとは異なる方向に生かされている現状のようにも一部見受けられます。

このような喫緊の状況への対応を乗り越えながら、学校教育現場の「主体的・対話的で深い学び」の実現を目指す授業には、主体的（に見える）で対話的（な形態の）授業が授業像として形骸化し、学びの深まりを言及しない活動型の授業が蔓延する事態を生じさせているのではないか、というのが私の印象です。それは、いわば、“主体的な学習における教師の指導”の内容の明確化をスルーした、コロナ禍では回避されていた「活動」への回帰であり、あたかも主体的な学習における教師の意図的関与を“良からぬこと”とするような、歪んだ学習観・指導観の表れではないかとも思えます。

一方、多くの学校教育現場では教師が不足し、非常勤講師で何とか学級の安定を保つのがやっとの状況が続いています。若手教師の増加と現場での研修機会の減少、授業の「深まり」を見て学ぶ機会が失われてきたことによって、「子どもが主体的である」ということと「子どもの思考が深まっていく」ということのイメージが乖離したまま、「学び合い深め合う授業」が教室の現実の実像として実感のない状態で、表面的なハウ・ツーを信奉するような教師が増加することにならないかが危惧されます。

本書は、今まさに求められている「主体的な学習」における、教師の役割と指導の内実に言及するものです。かつての我が国の「活動主義」に陥らないためにも、「内容を教える」「正誤を判定する」を超えた新たな私たちの立ち位置について問い直しながら、「不易と流行」を視座として明日からの授業について考えてみましょう。

兵庫教育大学　**勝見　健史**

国語科 主体的学習における教師の「指導」
—学習のための指導・学習のための評価—

もくじ

序章 主体的という言葉に乗じて、“浅い学び”にとどまっていませんか？

私は、今、「主体的・対話的で深い学び」の指導で、いろいろな学校を訪問しています。若い先生からベテランの先生まで、いろいろな先生の授業の様子を見せていただきますが、最近、このような「主体的・対話的な」授業が多くなっていると感じています。

●展開に行き詰まると
「グループで考えてみましょう」「お隣の人と相談しましょう」
・・・【猫も杓子《しゃくし》もグループ活動】

●“話し合いの仕方”を教えていないのに、
「しっかり話し合おう」「ちゃんと考えよう」　・・・【活動の指示で丸投げ】

●互いの考えを交流といいながら、
「同じです」「いいです」　・・・【深まらない「対話」】

そもそも、考えを「出し合えば」深まるのでしょうか？“活動”の見た目は「対話的」だけれど、多くの場合、深まっていない場合がほとんどです。中には、話し合いの“活動の指示”をした後、子どもたちの話し合う内容を観察せず、教師机に戻って宿題の丸付けに励む先生もいます。**「主体性」を子どもへの放任と勘違い**されているのでは、と感じる場面にもよく出合います。

かつて総合的学習が始まった頃に、当時東大の先生であった佐藤学氏は、「自主性・主体性という欺瞞」として新聞に次のように書いています（日本教育新聞2000.2.4より）。

> 「子ども一人ひとりの興味や関心を中心に個人に課題を立てさせ、『自主的・主体的に』学習活動を遂行させる実践がよく見られる。ところが、それらの教室をつぶさに観察すると、一部の子どもは見通しを持って学習活動を展開してはいるものの、多くの子どもたちは表面的な活動に終始したり、ぞんざいな調査活動で行き詰まったり、課題は設定したものの学習計画を作れなかったりして、学習の見通しを失い、おしゃべりに興じたり無為に時間を過ごしている場合が多い。教室にいじめや暴力が発生するのは、こういう時である。学習がうまく進まない子どもや、見通しを失って嫌になった子どもは、その虚しさと無力感を埋め合わせるためにふざけたり暴言をぶつけてしまう。」

「主体的な学び」を取り違えると、どの学校どの学級でもこういうことが起きるのではないかと思います。子どもに任せて先生が教室の後ろに佇んでいる、見通しを持つことなく、放任された空気感の中に漂うことを許された子どもは、椅子をガタガタ揺らしながら、“笑顔でキラキラ”ただ雑談している。

――実は、子どもは何をしていいかわからないから、どんどん荒れてくる。

佐藤氏は指摘します。

> 「子どもが『自主的・主体的』に課題を設定し、子ども一人ひとりが『自主的・主体的』に『自力解決』する学習が優れた総合学習であると思い込んでいる。だから、活動の前に『計画』を書かせたり活動の後に『反省』を書かせたりする指導には熱心なのだが、肝心の題材の発展の見通しについて教師自身が豊かなアイデアを持っていないし、多くの子どもたちが見通しを失って困惑している事実に心を砕いてはいない。**子どもの『自主性・主体性』を強調するのは聞こえはいいが、要するに、学びの成立を子ども一人ひとりの能力と努力に任せているのであり、もっと端的に言えば、無責任なのである。**」
>
> （下線強調：筆者）

教師が何の戦略も持たず、子どもに任せ、子どもがしていることを後追いすればいいと思っている、子どもの「自主性・主体性」という美名の裏側に教師の無責任が隠されている欺瞞を見過ごしてはならない、という、「自主性・主体性」のスローガンの下で教室で起きていることへの厳しい指摘です。子ども主体の学習の典型ともいえる「総合的な学習の時間」が創設された時に、何が起きていたかを、今一度思い出すことは大切なことではないでしょうか。

現状の教室では、主体的という言葉に乗じて、**活動主義の“浅い学び”**にとどまっていると感じる実践がしばしば見受けられます。活動的で笑顔で生き生きと動いているように見えるのですが、授業で子どもが賢くなっていないのです。「主体的・対話的で深い学び」を都合よく解釈し、子ども側に預けっぱなしにして、学びが深まっていないことに心を砕くことなく、“生き生きした”活動の姿に満足してはいないかということです。

私は、今こそ、**主体的な学習における教師の「指導」や教師の「位置」の問い直し**をすべきではないかと思います。決して、子どもの主体的な学びを否定するのではありません。子どもの主体的な学びを価値あるものとするために、教師はどの位置から何を“指導”すべきかを捉え直す時だと思うのです。**“子ども主体”と“教師の指導”とは、まるで対立するような関係にも見えるのですが、決してそうではありません。**わかっているようで実はわかっていないこの“指導”の中身について、「いつ」「何に対して」「どのように」関与・介入するか、自律を促し支える教師の役割・まなざしのあり方を本書であらためて共に考えてみませんか。

“活動”から“思考の深まり”、さらに“自律性の涵《かん》養《よう》”へ

本書では、「主体的な学習」で教師が何をするべきか、ということについて、次の4つのステップで考えてみたいと思います。

Step 1

「主体的な学習」の背景になっている、求められる「人間像」と、そのために今後必要となる「学力観」「知識観」を知ろう。

▶ **教師自身がかつて自分が受けてきた教育の姿を絶対視しない!**

第1章へ Go!

Step 2

これからの教師の“教える”という行為・教師の立ち位置について、あらためて見直してみよう。

▶ **変わっていくべきこと(流行)、変わってはならないこと(不易)を見据えよう!**

第2章へ Go!

Step 3

国語科における「主体的な学習」の授業づくりのポイントと、“深める”ための教師の指導を捉えよう。

▶ **活動に放任せず、“思考”させる授業をデザインできる教師になろう!**

第3章へ Go!

Step 4

子ども自ら「主体的な学習」を創り出すための自律性の大切さと、それに連動する“評価”のあり方について考えよう。

▶ **“学習のための評価”“学習としての評価”を視野に日々授業に向き合おう!**

第4章へ Go!

本書は、経験の浅い若い先生方にもイメージしやすいように、できるだけわかりやすい表現に心がけました。読者の皆さんそれぞれの経験や立場、問題意識のありかから、お好きな場所からお読みください。本書が日々実践に試行錯誤されている先生方の一助になれば幸いです。

第1章

子どもたちに将来求められる学力

子どもは「未来からやってきた留学生」です。子どもたちの将来・未来には、どのような力が必要となって、どのような人間像が期待されるのでしょうか。日々の授業の遠い背景に意識しておくこととして確かめておきましょう。

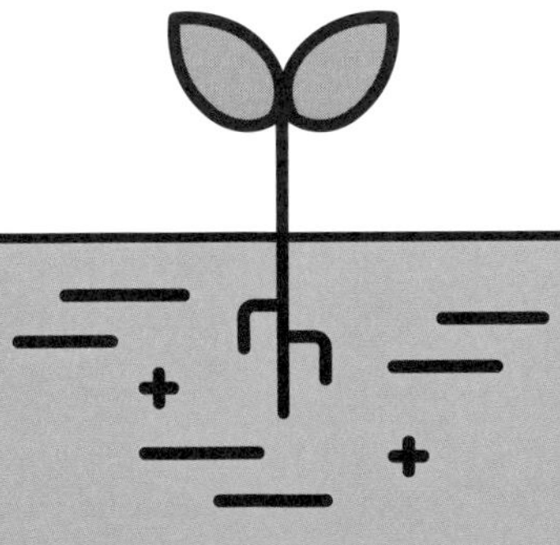

世の中の知識観が変わってきている

これからの世の中は、**正解のない社会**です。

一部の専門家があらかじめもっている「正解」の適用だけでは解決できない問題が山積みです。正解だけでは解けない問題には、エネルギー問題や少子高齢化問題をはじめ、たくさんの問題があります。これまで当たり前だと思って受け入れてきた考え方やデータや論理が、実は危うい。**絶対的な正解はなくなっている**のです。

むしろ固定化した「正解」がないところこそ、現実社会の「ほんとうの」姿だといえますね。

「原子力発電所は絶対安全だ」という神話は、3.11の震災で崩れました。遡って、「絶対に倒れない」と言われていた阪神高速道路の橋脚も震災で横倒しになりました。そして、神話が崩れた瞬間に口を揃えて「安全ではない！」「倒れるものだ！」と言い始めます。

不十分だとわかると途端に新しい考え方を求められるのが、今の世の中。この先、何が起こるのか、先行きの見えないのが現代社会です。

そうした世の中の流れにあって、**固定化した知識の量よりも新しいアイデア・技術の創出(innovation)**が求められています。経済界の方々とある会議でお話をした際、企業トップの方がこんな発言をされました。

「若手、新卒で、知識のないのはダメだが、知識を持っているだけが一番よくない。持っている知識をいかに組み合わせながら、新しいことを提案していける人材が欲しい」

これから求められる21世紀型スキルにも、コラボレーションする力が挙げられています。

企業・地域社会では提案型の人間が求められていきます。エージェンシーという知識の量だけでは対応しない**協働型・提案型の新しいリーダーシップ**の人間像です。かつて高度成長期の企業で勝負してきた、偏差値教育とは異なる人間が求められているのです。「日本の首都は東京である」「サクラの花の咲く季節は春である」といった昭和の時代の**「宣言的知識(knowing that)」の丸暗記型の勉強**では、これからは太刀打ちできません。暗記・蓄積して再生する知識だけに頼るのはもう古いのです。「ひとよむなしき…(応仁の乱)」などのように語呂合わせでとにかく記憶、テスト上で再生し、高い点を取れば偏差値で格づけされ、いわゆる“いい大学”に入学し、大企業に入れば、終身雇用で一生安泰…といった世の中の構造が崩れてきているのです。

しかし、**決して暗記・蓄積する宣言的知識が不要というわけではありません。**むしろ、「東京はこういう特徴を持っている」という知識を持っている上で、「日本の首都が東京でないとすれば、どこが首都にふさわしいだろうか？」ということを考えることができる人。もし渋谷がダメになったら、同様の機能を保持するためには渋谷の交差点をどこにするか、と発想できる人。「図書館は昼に行っても夕方に行っても静かだから、他の公共施設（博物館や美術館）も静かだろう」「ファンタジーの魅力を知っている。この話もファンタジーだから、同じような魅力をもっているはずだ」。こういった知識は、他の局面でも使える**「手続き的知識（knowing how）」**です。田村（2018）は、この「手続き的知識」として知識が「駆動する」状態の重要性を指摘しています。つまり、**ある知識が別の知識と関係づいて事象の解決場面に生きて働く状態**にすることが大切なのです。東京が首都だと「宣言的知識」として**知っているだけでは十分とはいえません。**東京の首都の特徴を知っていることで、他国の首都について考えを巡らせたり、ロンドンと東京を比較して、東京ならではの良さを紹介・推薦したり、新たな首都候補を考え出したりできる人こそ、これから求められることになります。

前提として知識を持っていないと活用できません。暗記・蓄積するべき知識も必要です。

すなわち、子どもたちが生きる将来に求められるのは、その知識だけが記憶され、**蓄積された「単独系の知識」ではなく、知識と知識が関連づいた「関連系の知識」**、知識と知識が関係づき、構造化されて知識が実際の場面や状況の中で生きて働く状態です。「概念として知っている」ことと「対象に効果的に関われる」ことは別物です。単独で知識をたくさん蓄積すればよいという時代ではなくなったということです。1つ1つばらばらに記憶・再生される**要素的、蓄積的知識から統合的知識へ**、知識観を転換する必要があることが広く認識されるようになってきたのです。イノベーション（技術革新）を起こすことができる人とは、基本的な知識を持った上で、まさに目的に対して知識と知識とを関係づけて新たな考えや発想を創出する人だといえます。

知識を関係づける学習の重要性について、注目すべきデータが示されています。テストに向けて勉強をする時に、丸暗記型の準備をしていくと、テストの難易度が高くなればな

知識観の転換

単独系の知識
その知識だけが記憶され、蓄積された状態

▼

関連系の知識
知識と知識が
関連づき、構造化されて駆動する状態

他の場合 ｜ 別の条件下 ｜ 目的・状況 ｜ 活用する場

↑ ↑ ↑

関係づけて思考する“場”の存在
（リアリティ・切実感・必要感）

るほど点数は落ちていく。また、自分の弱点や不十分な点を書き出したりしながら、計画的に学習をしていく方法（自己制御戦略）で臨めば、テストが難しくなってもある程度得点をキープできる、という結果が出ています。

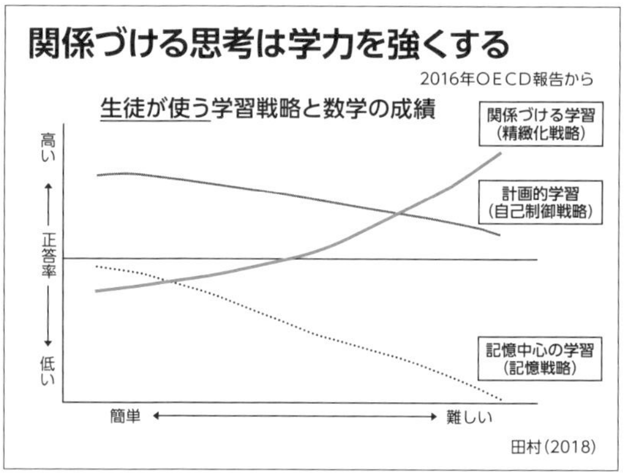

他方、関係づけて勉強する方法（精緻化戦略）で学んだのが右上がりの線（色付け）です。関係づけて勉強するとは、例えば、江戸時代を学ぶときには、安土桃山時代～室町時代～鎌倉時代と時代をさかのぼるように関係づけて変化を見るとか、江戸時代の特徴をいくつかの資料を関係づけて表にしてまとめてみる、などの多角的な学び方です。算数科でいえば、図形のことをデザインと関連づけて学ぶといった**教科横断的な発想**の学びです。

私たちも昔、試験勉強で、授業で学んだ内容をノートや表にまとめ直したり、図に整理したりして再構成しませんでしたか？

このような〈精緻化戦略〉で学んで臨むと、問題が応用されて難易度が高くなっても対応できるようになります。単独の知識を蓄積するだけでは、応用されればどんどん得点は低下するけれど、関係づけて構造化して思考する力をつけると、問題が応用されても正答率が上がるということです。関係づけて思考することを鍛えていくと、応用にも強い、**足腰の強い学力**の形成につながるということを表していると思います。

また、このことに関して、もう一つ例を挙げて考えてみましょう。京都府に堀川高校という高校があります。『堀川高校の奇跡』と呼ばれていたこともあるので、ご存知の方も多いかもしれません。堀川高校は、一般的な公立高校でありましたが、問題解決型の授業に力を入れ、いろいろな知識を駆使させながら主体的に学ぶ探究学習を徹底的に行ったのです。今でいう「総合的な学習」です。すると、堀川高校は受験の学力もどんどん上昇していきました。この堀川高校の例は、知識と知識を関係づけて課題を主体的に解決するという学びの経験は、総合的な学習で育つ能力の枠内でとどまるものではなく、学力そのものの足腰を強くするということではないでしょうか。

京都府の一般的な公立高校であった堀川高校は、1999年に校舎建て替えと同時に「探究科」を設立。探究科の1期生が卒業した2002年、国公立大学への現役合格者数を前年の6人から106人に増やし、「堀川の奇跡」として注目された。その後も地元の京都大学には毎年30人以上の現役合格者を出すなど、優秀な進学実績を上げ続けている同校は、文化祭など課外活動が盛んなことで知られている。

近年では、文系理系を問わず教科知識や専門知識を習得し、問題解決型のプロジェクト型学習の中でそれらを論理的・創造的に活用して未知の課題の解決策を見出そうとする「STEAM教育」が提案されています。現在、全国の多くの高校で、探究コースが創設され、**文系理系を越えたところでの知識・技能を駆使する力**の育成が重視されていることは、学力に対する考え方が大きく変化していることの表れであるといえます。

授業においてこのような力を育てようとするならば、**「他の場合では」、「別の条件下では」、「ある目的・状況下では」など、関係づけて思考する「場」の存在**が大事になってきます。この「場」は、できれば、遠い宇宙の話で他人事に終始するのではなく、子どもたちが日々過ごす生活の場がベターです。リアリティ・切実感・必要感のある生活の場。算数であれば、教室ではなく、自分たちが買い物をする場、国語であれば読書する場、大切な人に手紙を書く場などを想定します。それは、**学びの「真正性(authentic)」を高める**ということ、すなわち教育内容や教材、学習方法を含めて、**学びが自分たちの生きる本当の世界に通じる切実なもの**であることが大切になるということです。授業では、主体的に知識を活用しながら**多様な考え方の他者と共に解決を図る場**をデザインすることが求められます。学びの真正性を高め、自分たちにとって**意味・価値のある課題を、知識・技能を駆使することで解決できたという実感をさせる**のです。

また、このような学習の背景になる考え方が、「**構成主義**」です。構成主義の学習観は、「人は有意味かつ目的的な文脈(context)の中で、既知の事柄と学ぼうとしている事柄を結合することによって学習する」という考え方に立つものです。つまり、**知識というのは固定されたものではなくて、その状況の中で修正したり、組み替えたりしながら生み出していくもの**なのであり、頭の中に既有の知識があって、生きていく中でその知識が再構成されながら増えていっているのだ、ということです。そして、その**知識の再構成**が、学習者個人の内部ではなく、自分とは異なる他者との協働の社会的文脈の中でこそ行われるのだと考える「社会的構成主義」が、今私たちが学校教育で目指す「主体的・対話的で深い学び」の根幹にある考え方であるといえます。

したがって、教室においては、**固定化した「正解」を確認する授業、表面的なパターンを適応させる授業ではなく、知識と知識を関連づけて問題を解決する学びの場(探究プロセス)**が重視されることになります。正解至上主義から試行錯誤の中で最適解を模索する学びへ。主体的な解決に向けて知識と知識を関係づけて協働する学び合いの授業像をイメージしてほしいと思います。それは、**「何かを知っていること」にとどまらず、知っていることを活用して「何かをで**

探究の力をつけるということは、知識を関係づけて目的に対して駆動させるトレーニングをしているということですね。

ここも参考に
コラム❻

きるようになること」にまで発展する授業、すなわち、コンテンツ・ベースの授業から、コンピテンシー・ベースの授業へ転換するということです。

「教師は自分が受けてきた授業を基本にして考えようとする」と言われます。たくさんの知識・技能を持っていて、ペーパーテスト上で再生できるという昭和の高度成長期の知識観から、実際にその知識を具体的な相手・場面・状況下で関係づけながら使いこなせるかという未来型の知識観への意識転換が、すべての学校教育に関わる人々に不可欠であり、**具体的な文脈・目的・状況の中で、知識を活用するという学習を、明示的に教育課程の中に位置づける**ことが重要視されるのです。

これまで大切にしてきた自分の授業スタイルを頑なに死守するのではなく、関係づける学びとして一部「更新」してみましょう。両者に繋がりを感じるはずです。

AIに勝る人間の能力こそ

学習指導要領は、将来を生き抜いていく子どもたちに必要な資質・能力を視野に作成されています。そしてその将来とは、人間のする仕事の4割を人工知能AIが担う時代だと言われています。「何十年後には人工知能にやられてしまうのではないか」、「AIは人間を超える」などと言う方もいますが、そんなことはありません。**共存する**のです。

人工知能に預けるものと、人間が担うものとは何でしょうか。

そもそも人間にしかできないことではないこと・人間こそが担うべきこととは何か、を考えるにあたって、ここで問題です。AI研究の世界でいう「賢いロボット」とは、A・Bのどちらだと思いますか？

Aのほうが賢いと思われていたのは昔の話です。今は、Bのほうが高度であると言われます。つまり、「複雑な微分・積分をあっという間に解いてしまうロボット」は、事前に組み込んだプログラムによって動くロボットです。それに対して、「100円もって近所の駄菓子屋に行き、お菓子を買ってくるロボット」は、状況対応型のロボットです。「100円もって近所の駄菓子屋に行き、お菓子を買ってくるロボット」や「電車が突然運休になったときに代わりの方法を選んで向かうロボット」のように、**予想できない状況や事態に対応できる**AIが求められているのです。

AI研究の世界で起きていること
—賢いロボットとは—

A 複雑な微分・積分を あっという間に解いてしまうロボット

B 100円もって近所の駄菓子屋に行き、お菓子を買ってくるロボット

1980年代まで、AIの象徴といえば鉄腕アトムでした。鉄腕アトムには複雑で膨大な情報が記憶されています。つまり**基礎的プログラム（＝単純なスキル）を詰め込んでいけば複雑な状況に対応できるはずだ**と考えられていたのです。漢字や計算を詰め込んでいけば、賢い人間になるはずだと信じていた、従前の詰め込み型の学力観そのものです。ロボットにさせたいことを系統的に基礎からプログラムしていけば、複雑なことも可能なはず…。ところが詰め込んだロボットを実験室から作業現場へ連れて行ったら、ロボットが動かなかったのです。

つまり、**基礎的なものをたくさん詰め込むだけでは、複雑な状況**

には対応できないということに気づいたわけです。人間の世界というのは「もっと曖昧で複雑だ」ということに研究者がぶち当たって、2010年代からAI自身が**複雑な環境の中で試行錯誤しながら自ら学んでいけるように**設計・プログラムされるようになってきました。囲碁の対局などでも、勝ち・負けの事例を取り込んで、AI自らが学んでいく。あるいは、膨大な勝ちの事例を組み込んだビッグデータを駆使して、「機械学習(ディープラーニング)」するようになっています。AIが機械学習するためにビッグデータが必要となり、状況や文脈に対応できるようなロボットを開発しているということは、先に述べた、これから求められる知識像そのものです。今後、より“人間らしい”AIが登場してくるでしょう。

しかし、**状況や文脈に対応しながら解決していく能力は、今のところまだ人間の方が勝《まさ》っています**。感性や直感的な創造性、相手に対する臨機応変な配慮や思いやりなどの情的な対応、対話的・交渉的な局面での能力は、人間ならではのものといえます。教師や医師などの仕事が、今後まだ人間が携わるものであろうと予測されているのは、**その仕事が刻々と変化する複雑な状況に依存**することが多いからでしょう。これから私たちは、さまざまな局面でAIの助けを借りながら、人間らしい生き方を貫いていくことになります。そのために、自分たち人間が持つ能力を理解し、その能力を十分に発揮する場を自覚し、鍛え育てていくべきではないでしょうか。

具体的状況下での人や事象に対する感性や感受性、配慮や気配りの情緒性を伴うことが、人間らしく生きることの底流にあるように思います。

このことを踏まえれば、固定化した「正解」を確認する授業、表面的なパターンを適応させる授業一辺倒はいただけません。「『3つずつ5人に配りましょう』…『ずつ』が入ったからかけ算と覚えておこう！　『ずつ』ってみんなで言ってみるよ～、サンハイ」「ずつ！」と連呼する授業では、子どもたちには「かけ算になる時の言葉は“ずつ”なんだ」しか頭に残らない。その結果「ずつ」以外をかけ算だと思わなくなる、という笑えない話もあります。この授業を手続き的にしようとするならば、「じゃあ、『ずつ』以外にかけ算の言葉はないかな？」ということを考えさせることが必要になります。「『ずつ』＝かけ算」という**定型のパターンを覚えるような授業で育つ能力は、圧倒的にロボットが優位**です。膨大な情報やパターンを有しているのはロボットのほうが強いですからね。

「他の例」や「例外」を考えるところに思考が生まれ、「手続き的知識」としての深まりが！

これからの授業では、**誰のために、何のために、何を、どうする状況・文脈かを、教師が教室に持ち込む**のです。国語科の場合、言語知識や、話す・聞く・書く・読む、の言語能力を、目的・状況・場面に応じて使いこなす**「言語を運用する」**場の設定が大切な要件になります。例えば、同じイベント案内でも、大人に向けて書く案内状の内容・構成と、幼稚園の子に向けて書く案内状の内容・構成は当然異なるでしょう。そういったことを目的・状況・場面に照らして、どう書けば良いかを思考する・判断するということが大切というわけです。言語に関する知識・技能を駆動する力として、**「言語運用力」「言語化能力」を鍛える**ということです。

ここ最近マスコミを賑わせている「ChatGPT」は、自然言語処理技術を用いた人工知能の一種で、OpenAIによって開発された生成型AIです。膨大な文章データを学習しているため、そのデータから自然で高度な回答を導くことができます。ChatGPTは、テーマや条件を与えることでそれに沿った自然な文章や物語を作成してくれますが、一方で、AIが判断し採用した情報の信憑性や、具体的・現実的な目的・状況・文脈にどれほど適応している回答なのかの問い直しをせずに、AIの回答を鵜呑みにしてしまうことが起きる危惧が生じます。いわば、**現実世界を主体として生きている人間自らが、具体的な相手や場面を配慮しながら「思考」**することなく、AIに任せた結果としての**「正解」としての言語だけを利用**することになりかねないということです。

経済学者の竹内(2023)は、AIには不可能で、私たち人間にしかできないことは何かについて、「責任を取る」ことであると述べています。それは失敗や不祥事を謝罪することではなく、不確実性のある時にリスクをとって**自発的に「意思決定」**することです。人間の代わりにコンピューターに結果を選択させる実験で、人間とコンピューターが同じ結果を選択しても、その結果を受け取る周りの人々の反応が異なるというのです。それは、結果に対する責任のあり方が、意思決定の背後にある意図に深く関係するからだと指摘しています。この点から考えれば、言語を運用する人間は、複雑な状況下でリスクを意識しながら、「ここでのより良い言語の運用の仕方」を**「なぜそうすると良いか」という意図を持って意思決定しながら言語化を実行**しているといえます。だからこそ、送り手と受け手には、言語を通した深い意思疎通(信頼のようなもの)が生じるのだと思います。

ここも参考に
第3章①②

したがって学校教育において言語を運用する主体として子どもを育てようとするならば、「この相手にはどの言葉を使ったら喜んでもらえるだろう」「この場面ではこの根拠のほうがふさわしいんじゃないか」といった、個別具体な状況下において**言葉に関わる思考を巡らせ意志決定するプロセスこそ、ブラックボックス化させないことが大切**ではないでしょうか。今後、教育の場でAIとの「共存の仕方」をどのように子どもたちに教えていくのかを考えていくことは、**人間が人間たる部分、人間として放棄してはならない・失ってはいけない部分を意識する**ということだと思います。AIには、あくまで一般論を教えてもらい、一方、生身の身体性や感覚をもつ私たち人間は、情報の送り手・受け手として、どう感じ、どう判断したからこの表現を選択したのかという意思決定の意味や価値を、〈わたし〉の感覚を通して共有する能力を磨いていくのです。

AIと「共存」するのです。これからはAIを活用する一方で、AIには頼らず「あの人には自分で言葉を選びたい、あの人にはこんな言葉で自分の思いを伝えたい」ということが言える子どもを育てたいですね。

さて、現在、悉皆で実施されている全国学力・学習状況調査においては、例えば、国語科では「次の文章を読んで答えなさい」といった設問が姿を消し、「〇〇さんは……をしようとしています。そこで……を読んで……することにしました。あとの問いに答えましょう」という形の一節が設問の冒頭に示され、大設問になっています。

以前のような「次の問題に答えなさい」に代わる「図書委員の木村さんが図書館に行って行事を伝える」といった状況を理解する必要があります。次のような条件下の、①固有の誰かが　②目的的な③ある文脈で　④目的に向けて読む必然があり、⑤読み取ったことを目的に合った条件で書き換える、という具体的な状況を把握、理解することです。**何のために、何を読み取って、どう書き直すか、という目的と、入手してくる情報のありか、その情報をどのように再構成し表現することが目的遂行に繋がるのか**が理解できないと、大設問の後の小問を追っていくことができません。その結果、何を問われて何を答えるのか身動きが取れず、白紙回答ということになります。

自校の「無回答」について丁寧に分析してみよう。なぜ書けなかったのか。そこに日頃の授業とのギャップがあるはずです。

同様に、大学入学共通テストでも、例えば、2017年に今後の共通テストのモデル問題として例示された国語科の記述式問題として、【地図】と【ガイドラインのパンフレット】と【親子の会話文】の3つを関係づけて解決する文脈下で考える問い「かおるさんの家は、【資料Ａ】の『城見市街並み保存地区』に面している、伝統的な外観を保った建物である。城見市が作成した景観保存に関する【資料Ｂ】『城見市「街並み保存地区」景観保護ガイドラインのあらまし』と、かおるさんの父と姉の会話を読み、後の問いに答えよ。」が示されています。

大設問に書かれた目的や状況を、具体的にイメージできるかどうか、そこがその後の小問の是非に影響しますね。

また、最近では2022年度の問題で「Ｎさんは、『～～～。（文章の一部分）』について理解を深めようとした。まず、国語辞典で『案山子』を調べたところ季語であることがわかった。そこでさらに、歳時記から『案山子』と『雀』が詠まれた俳句を探し、これらの内容を【ノート】に整理した。」といった状況依存的な設問が受験生に提示されています。

他教科でも、全国学力・学習状況調査の問題と同様、ある目的、状況、文脈の中での数学や物理の学力を問う問題が出題されています。解決プロセスには、複数の読解対象ＡとＢ、読解対象には異なる種類のテキスト、グラフや地図、あるいは地図と会話文もあります。ＡとＢを関係づけて探究的に解決に迫るといった、教科横断的な**混然一体とした状況下において、ある教科の力を発揮する問題解決の局面に立つ問題**が出題されているのです。

ここも参考に
第３章⑦

このように、小中学校の義務教育の節目で全国学力・学習状況調査のような問題が示され、高等学校の出口に同様のコンセプトをもつ入試問題が提示されるということは、**学校種を縦断する知識観、育成すべき資質・能力が一貫した**ということです。知識・技能の理解と蓄積は重要、しかし、状況や文脈を排除した単純なスキルばかりできてもだめなのです。国語科だけでなく、複雑な状況の中で教科の知識を関係づけながら「使える」authenticな学力として育成していくこと、このことは、**「未来からの留学生」である子どもたちに対する、今の私たち教師の責任**なのです。

子どもたちが「未来からやってきている」と考えて、必要な力を持ち帰らせてやってください。

【参考・引用文献】

・ドミニク・Ｓ・ライチェン、ローラ・Ｈ・サルガニク編著、立田慶裕監訳『キー・コンピテンシー－国際標準の学力をめざして』明石書店、2006。
・荒瀬克己『奇跡と呼ばれた学校　国公立大合格者30倍のひみつ』朝日新聞出版、2007。
・P.グリフィン、B.マクゴー、E.ケア編、三宅なほみ監訳『21世紀型スキル 学びと評価の新たなかたち』北大路書房、2014。
・田村学『深い学び』東洋館出版社、2018。
・渡部信一『AIに負けない「教育」』大修館書店、2018。
・竹内幹「経済季評－AIが自動化していく未来　人にしかできない選択とは－」朝日新聞 2023. 5. 6 朝刊

第1章のポイント

- 世の中の知識観が変わってきている！
正解のないこれからの社会を生き抜くためには、
知識をもっているだけでは通用しない。

- 単独系の知識ではなく、関連系の知識が重視される。
他の場面、別の条件下、ある目的・状況で活用できる知識。
そのためには、共有する課題の解決のために
「関係づけて解決する“場”」「関係づける“思考”」が必要。

- 固定化した「正解」を確認する授業・表面的なパターンを
適応させる授業から、誰のために、何のために、何を、
どうする状況・文脈かを思考しながら、
協働で最適解を探る授業への転換を。

- どの学校種でも、ペーパーテスト上の正誤で測る学力
だけでなく、本当の場で使えるオーセンティックな学力も
視野に入れて鍛えよう。

第2章

主体的な学びを支える教師の存在

―主体的学習における教師の11の指導―

主体的な学習は、子どもたちを“放任”することでは実現できないはずです。前章で確認した力を育てていくために、教師にはどのような「指導」が必要なのか、これからの“教える”という行為と教師の立ち位置について考えてみましょう。

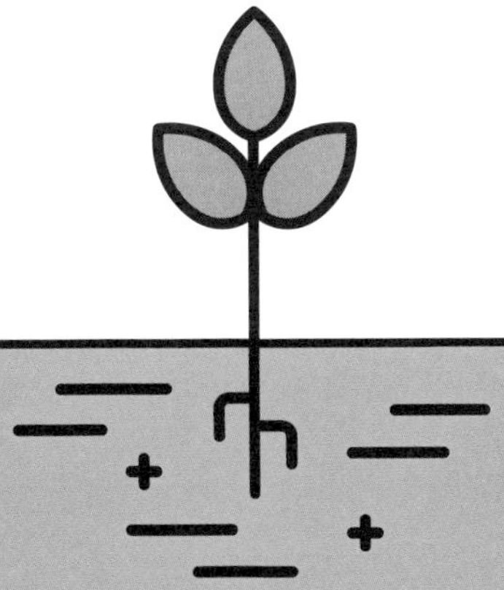

教えることを問い直そう
—これからの教師の“指導”とは—

【学習】【指導】【評価】の関係性を見直そう

子どもの主体的学習を実現するための教師のあり方を考えるにあたって、これまでの教育実践でも視野に入れてきた**【学習】【指導】【評価】の３つの関係性**を問い直すところから始めてみたいと思います。３つの視点、【学習】【指導】【評価】の関係性を問い直すことは、**主体的な学習が成立するための教師の位置・役割**を問うということです。

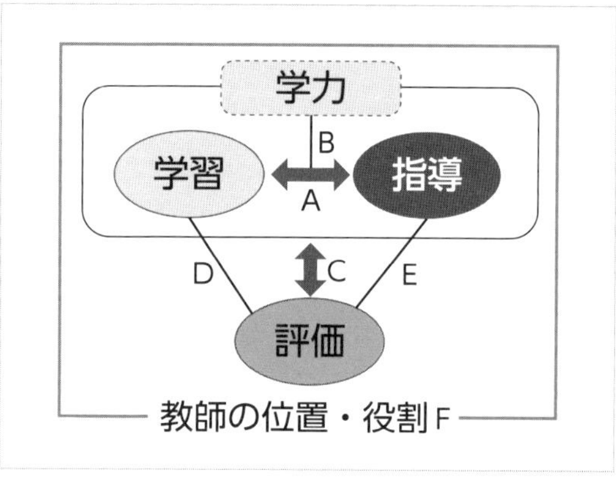

すなわち、それは、国語科学習における教師の**「教える」という行為を「学習」と「評価」とを連動させて**捉え直すことであり、主体的学習における教師のあり方を問い直すことでもあります。

■「学習」と「指導」の関係性（A）

学習者主体であるがゆえに、教師がどのように学習者に関与することが必要なのか、言い換えれば、**主体的な「学習」として授業が成立する際の「指導」とは何か**について注視することが大切です。また、**教師からの何らかの「指導」を受けながら主体的に「学習」した結果、どのような「学力」が育成されるのか**（B）についても注目されるべきです。この点は、**求められる「学力」に適したどのような「評価」の方法を採用したか**（C）という点に帰結するものとなります。つまり、児童の主体的な学習では、求める学力を育てるために行われるための前提として、**子どもの主体的な学習を促進するための「指導」**として機能させる必要があります。

■「指導」と「評価」の関係性（E）

現在重視されている「指導と評価の一体化」は、「指導」と「評価」はそれぞれ独立して行われるのではなく、表裏一体化して計画・実施されるべきとする考え方です。子ども側の主体的な学習促進のために「評価」が行われるならば、**「評価」は子どもの学習のために還されるべき**であり、まさに**「指導」と「評価」は「学習」のために一体化されて子どもに提供される**ことが望まれます。**「指導のための評価」から「学習のための評価」**へという視点は、戦後「単元学習で力がつくのか」と主体的学習が批判された点（→第４章）と関連して、主体的学習で学力保障する指導と評価がどのように行われていたか振り返ることが、一つの重要な手がかりとなります。

■「学習」と「評価」の関係性（D）

かつて国語科における主体的学習として隆盛した単元学習では、倉澤（1949）は「結果を見定める」のではなく「たえず見つつ行く」であるとして、学習者に並走しつつ学習に還流させる評価の重要性に言及しました。言い換えれば、学習者を**外側から判定する「評価」の機能であるよりも、学習者の学習プロセスに直接・間接に働きかける**ことによる「評価」の学習促進の機能が大切にされるべきということです。国語科における主体的学習の評価のあり方を考える上で、「学習」に対する「評価」の機能をどのように考えるか、**「学習」と一体化した「学習のための評価」の視座**を持つことがとても重要だと思います。

このように考えてみると、子どもの主体的な【学習】において教師の【指導】の内実を考えることは非常に重要です。つまり、主体的学習を促すための教師はどう関与すべきか、子どもが自ら主体的に学びを進めるために、いつ、何のために、どう働きかけるのか、**「子どもの【学習】の地平に立った【指導】と【評価】」**とは何かについて、これまでの教育実践を見直すことが大切になるわけです。言い換えれば、主体的学習を実現しようとするには、「誰のための・何のための学力なのか」、「その学力は誰によって何のために評価されるのか」「学習に対して何を指導すれば主体的な学びとなるのか」といった構造や関係を転換するところに一旦立ち返って、自身の位置・役割（F）を更新しようとする教師の意識が求められるということではないでしょうか。

これからの教師は何を教えるのか？

今、若い先生が多くなり、彼らは日々なんとかして主体的な学びを実現しようと、how-toが欲しくなります。how-to本を買えば、上手くいくんじゃないか、多忙な日々の中で明日の授業ですぐに使えるコンテンツが欲しいと思われるかもしれません。しかし、主体的な学びを教室に確かに根づかせようとするなら、コンテンツとしてのhow-toだけではなく、もっと根本のところ――教師としての「観」に裏付けられるような、構えのありように目を向けることが大切です。

昭和の高度成長期は、多量の教育内容をいかに系統的に効率よく教えていくかが教師に問われた時代でした。**いわば、「内容」を教える、「正解」を教える、子どもの考えの「正誤」を判定する教師の役割**が大きかったといえます。その時の教師というと、合理的に上から下へ、指導を与えるイメージだったと思います。

では、これからの社会に求められる教師とは、どんな役割なのでしょうか。

先に述べてきたように、これからは知識の量だけでは太刀打ちできない時代です。環境問題、少子・高齢化社会、食の安全、情報化社会など、世の中には正解のない現実社会の諸課題が山積しています。また、インターネット社会はさらに発達し、私たちの身の回りには膨大な量の情報が溢れ、そして誰でも手軽にそこから情報を得ることができます。むしろ、**それらの情報を目的に応じていかに主体的・批判的に検討し、課題解決に活用していけるかという思考力・判断力・表現力**が問われるのです。教師はもはや**知識内容を伝授する役割は終えている**と言っても過言ではありません。子どもたちにいかにして主体的に創造的に生きていくのかを「教える」のです。主体性と自律性をもって生きる人格形成こそ、今、私たち教師に与えられた使命だといえます。

私は、これからの教師の「教える」役割を次のように考えます。

「内容」を教えるから「学び方」を教える先生
「どうすればできるようになるか」を教える先生
「深まり方」「深まっていく自分」に気づかせる先生

これらの「指導」は、上から下へ伝達・指示するイメージではなく、頑張って走っているランナーの横を**並走する伴走者**のイメージに近いものと考えます。自分の力を信じて頑張って走るのは子どもです。

そもそも、人が学ぶということは学習者が自ら知識を新たに獲得・更新・再構成することです。学ぶというと、何かの知識や情報を知ったり、何かを教わったりする場面が想像されますが、先生から子どもに知識が与えられたときに学びが起きるのではありません。学習者が自分の言葉で理解したり、腑に落ちたと感じられたりして、自分一人でできた、と実感・実践できるようになったときに学びが起きるのです。そのためには、わかりの「程度」「具合」を子どもの学習に還す評価が必要になってきます。今どれくらい深まっているかということを子どもに気づかせる、子ども自身が学びの程度や具合を高めようとすることを手伝う先生、と言い換えることができるかもしれません。それは、**【自律】的な学びを促し・支える教師の役割・まなざし**を持った先生、といえるでしょう。

直接子どもたちの学びを判定したり、正誤や価値を値踏みしたりするのではなくて、**子どもたちの主体性を指導する教師**が求められている、ということです。言い換えれば、教師側の「教えるべきこと」を一方的に固定し、そのために教える側にとって授業を都合良く展開する「指導」ではなく、子どもの実際の学習の文脈に寄り添い、子ども自身が学習を主体的により良く進めていくための「指導」です。また、それは、子ども側の実際の「学習」の文脈を第一義として、「教えるべき」内容を主体的な学習で獲得させようとする姿であるといえます。

つまり、教師の「指導」が教師側の「評価」のために行われるのではなく、**子ども側の主体的な学びの促進と往還する「学習のための指導」**こそが求められるのです。

主体的学習における教師の３つの立ち位置

では、ここで、主体的学習を指導する教師の立ち位置について考えてみましょう。

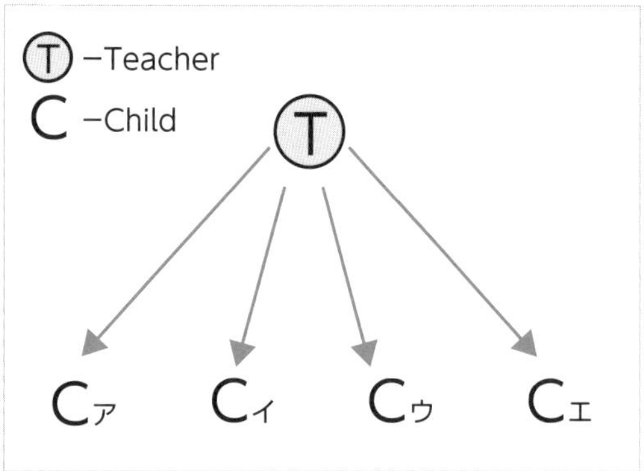

左の図は、子どもに対面して立ち、子どもに直接的に“正しい”知識・考え方を与えることこそ大切とする教師の立ち位置です。高度成長下の社会では、大量生産･大量消費の世の中で、**いかに多くの知識を系統的に確実に定着させるか**が問われる教育でした。子どもの興味・関心重視よりも科学技術の内容を系統的に習得させることを重視して、多量の知識の“詰め込み”の傾向が強い教育です。そこでの教師は、多量の知識をいかに能率良く、合理的に子どもたちに伝達することができるか、という**〈教師 - 子ども〉が対峙した立ち位置**といえます。一方、皆さんは、主体的な学習で以下の立ち位置を意識してみましょう。

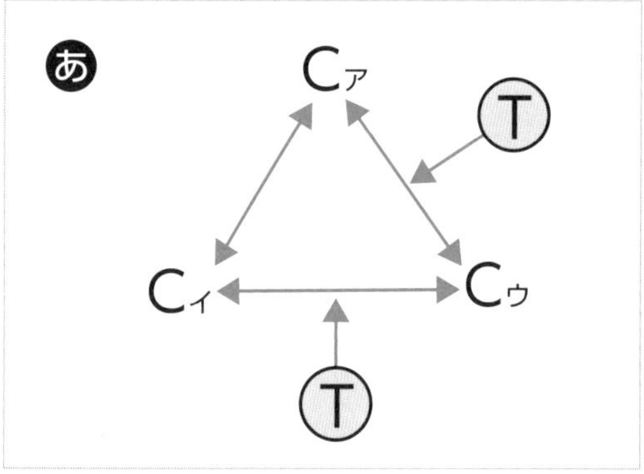

図あは、**子ども同士の関係性の中に対して関与しようとする教師の立ち位置**です。現在重視されている「主体的・対話的で深い学び」においては、子ども同士の“学び合い”や“協働する学び”が重視されています。それは、「互いの意見を交流する」「グループ活動をさせる」といった表面的な活動の指示ではなく、子どもの考えを紡ぎ、**そこに生起する意味や価値を子どもに還流させる教師の関与**が伴ってこそ実現されます。ここでは、子ども同士の考えの“つながり”“ずれ”の関係性を抽出し、「今、自分たちが深まるためにどうすれば良いか」「深まるとはどういうことか」に気づかせることが大切になります。そのためには、子ども同士の対話活動に放任するのではなく、全体の学びの状況や、個々の子どもの**個性的な学びの状況を把握しつつ、学びが深まる契機を探っている教師の姿**が前提となるでしょう。

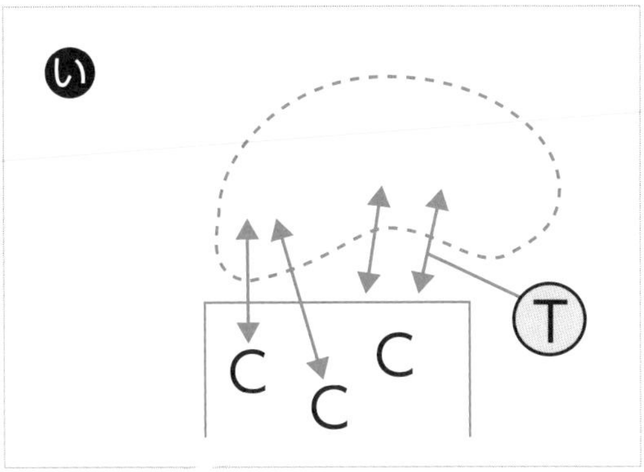

図いは、**子どもが世の中にある多様な情報や先人の知などにアクセスすることを助け、促す教師の立ち位置**です。主体的学習では、固定された「正解」を教師から判定される学びだけではなく、学習対象となる事象、概念、方法等に関わる知を、目的や状況に応じて主体的に収集、選択、精選、活用する姿が求められます。国語科では、例えば学習対象とする教材文の場合、その教材文に関わる言語知識、作者・筆者の情報、関連する作品や資料、時代背景、既習内容や言語の運用の仕方に関わる知であり、それは時に子ども自身の日常生活の経験知も含まれるでしょう。学び深めるために、それらの**知をどう関係づけて、課題の解決を図っていくのか、を教師が導き支える**のです。子どもが**学びを深めるための根拠や手がかりにアクセスすることに寄り添う教師の姿**であるといえます。

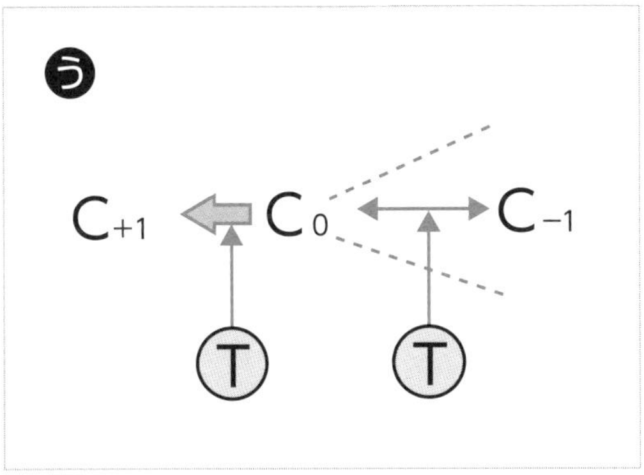

図うは、**子どもが自らを振り返り、自己調整すること（$C_0 \Leftrightarrow C_{-1}$）を促し支える教師の立ち位置、および、振り返ったことを自らの今後の学びに活かし、歩みを改善すること（$C_0 \Rightarrow C_{+1}$）を促し支える教師の立ち位置**です。主体的学習においては、「主体的に学習に取り組む態度」として、自分の状況をメタ認知して修正や改善を図っていこうとする自律的な学びの姿勢が重要となります。そのためには、とりわけ**学習のプロセスで子どもが自身の学びへのメタ思考を促す関与**が必要になるでしょう。何より主体的学習で大切なのは、振り返った結果は子ども自身によって学習に活用される形でプロセスに取り込まれる点です。いわば**「学習のための評価」として、教師がその方法を指導する**のです。

以上のあいうは、子どもへの直接的な指導というよりも、むしろ**子どもと子どもの学びとの間に関与する間接的な指導**であり、子どもが主体的な学びを展開できるための“学びの環境”への働きかけであるといえます。また、それは、子ども対峙的関係ではなく、**並走的・対話的・相談的な関係性**の立ち位置からの関与としての特徴であるといえるのではないでしょうか。

30ページ以下に、主体的な学習に必要な**教師の11の“指導”**を挙げてみました。それぞれ、辞書的な意味とは異なる、子どもをどう育てるのかという教育学的な意味合いを含めて示しています。一つ一つの“指導”として書かれたことを読みながら、今のご自身の立ち位置を振り返ってみてください。既にこれまで無意識にこのような姿勢で臨んでいる場面があるはずです。また、これら11の“指導”は、これからのICTを用いた協働的な学びにおいても、十分に力を発揮するものであり、主体的に学ぶ子どもたちを支えるために必要視される“不易”の教師の立ち位置として、参照できるものであると考えます。

その後、第３章以下には国語科における「主体的・対話的で深い学び」を実現する要諦を、11の教師の特徴的な“指導”の具体的な内容として説明しています。**「学び方」を教える、「どうすればできるようになるか」を教える、「深まり方」「深まっていく自分」に気づかせる**、という点を意識しながら、それぞれの活動場面で教師がどう関与するのかについてイメージしてください。主体的な学習を保障するということが、決して**子ども側に放任するのではなく、教師の意図や関与を伴ってこそ成立する**のだということに気づいていただければと思います。

コラム“そうだったのか”❶

専門家としての教師の力量

医師、看護師、弁護士、カウンセラー、大学教授、栄養士、介護福祉士、教師、建築家、薬剤師、学芸員など、世の中には「専門家」と言われる職業があります。それぞれの専門家は、それぞれの分野・領域に必要な知識や技法を持って活躍しています。

「専門性」には2つの側面があります。一つは、**細分化した専門性**です。その専門性は「**スペシャリスト**」という専門家として呼称されます。もう一つは、**総合的な専門性**です。その専門性は「**ジェネラリスト**」という専門家として呼称されます。

例えば、医師の場合、「専門医」は、大学病院で最先端の医療を行う専門性をもつ「スペシャリスト」であるといえます。しかし、「スペシャリスト」としての特徴が先鋭化しすぎると、「人間を診ずに臓器を見ている」という批判を受けることもあるといいます。一方、「家庭医」は、予防から初期診断、リハビリまで患者の身近にいて健康をトータルに支援する専門性をもつ「ジェネラリスト」であるといえます。近年ではこの「家庭医」の存在の意義が見直されているといいます。では、「教師」はどうでしょうか。

教師は「教える」専門家です。そして、教師は「**スペシャリスト**」**として、教育内容・状況に応じた専門的知識・技法を身につけている専門家です。**また、同時に教師は、**子どもと生活を共にしながら丸ごと成長を支援する「ジェネラリスト」としての専門家であるといえます。**

つまり、教師というのは、「**スペシャリストでありながらジェネラリスト**」という、**非常に高度な専門性を持つ仕事なのです。**特定の内容について深い専門的な技術を駆使しつつ、目の前の子どもの成長を全体的・総合的・関連的に捉えて成長を支える専門的な力量を持っているということです。とりわけ、後者の専門性は実践と経験の蓄積によって高めていく実践知、経験知であり、法則や原理の適用よりも、具体的・個別的な物語の中で臨機応変性、即興性が問われる高度なものだといえます。

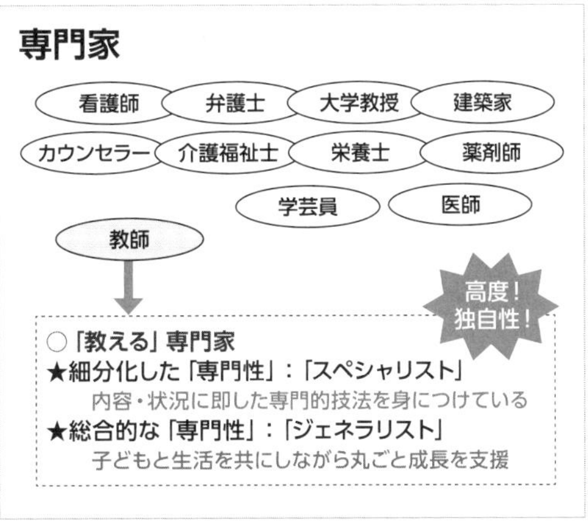

教師＝高度な専門職〈匠〉

★その学年の子どもがつけるべき能力を知っている
★いろいろな指導のレパートリーを持っている
★臨機応変・即興的に対応できる
★指導の「契機」を察知できる
★子どもの姿の「見えないもの」の意味が見える
★個々の育ちを複雑な文脈上で考察できる

経験と試行錯誤の積み重ねで力をつける仕事
学びの「質」をon-goingに捉え高める力量

主体的学習における教師の11の“指導”

主体的学習における教師の指導として、私は次の11項目を考えています。

1. デザインする
2. いざなう
3. 並走する
4. 振り返らせる
5. 手引きする／足場をかける
6. 導く／授ける
7. みとる
8. 価値づける
9. つなぐ
10. 促す／しかける
11. しつらえる

これらの11の指導の言葉は、同時に子どもの学びに対する教師の立ち位置を表しているものです。**そもそも子どもは「もっとよくなりたい」と思い成長する**主体的な存在であって、それを引き出し、発揮させるのが教師の指導によるものだと考えます。**主体性を引き出し、プロセスを共に歩みながら、自分が良くなっていること・賢くなっていることに気づかせていく**のです。そのためには、子どもの前に**出るべきところは出る、教えるべきことは教える**のです。一人の人間教師として、子どもたち個々の成長の物語にどう関わっていくか、この点にこそ主体的な学習を成立させるための最も重要な要諦が隠されているように思います。

主体的な学習における教師の"指導" ①

デザインする

一般ワードでは・・・

デザイン【design】する

目的をもって、具体的に立案や計画をすること。実用面や美術面などを考慮しながら造形作品の工夫を凝らすこと。

教師の"デザインする"という力量は、ハウ・ツーや決まった方法を絶対視するのではなく、目の前の子どもの実態や特徴と往還しながら、**絶えず教育活動をよりよいものに更新していこうとする構え**であるといえます。「デザイン」とは、「設計」とは異なるものです。鉛筆で何度も書いたり消したりしながら理想とする形を整えていく姿をイメージしてください。「デザインする」ことは、「設計する」ことより、**もっと修正可能で可変的・可動的・可逆的な位置に立つもの**です。授業を構成する要素［子ども］［ねらい］［教材］を視野に入れつつ、**子どもの実際に寄り添いつつ、現在進行形で試行錯誤しながら書き直していく営み**であるといえます。

あぁ勘違い！
これでは主体的にならない・・・

初めの計画はそのまま忠実に実施しなければならない。固定した法則や方法をいつでもどこでも教師が正しく適用させることで、優れた授業を生み出せるのだ。

主体的な学習における教師の“指導”❷

いざなう

一般ワードでは・・・

いざなう【誘う】

すすめる。さそう。連れ出す。そのことが原因となって、ある気持ちを起こさせる。

主体的な学習では
こう考える！

教師の“いざなう”という力量は、**価値の存在、魅力の存在を知っている教師だからこそ可能**になる、そこに子どもを誘う（さそう）行為です。何の見通しもなく、子どもの後を追って場に飛び込むのではありません。そこに先生と一緒に行ったら何かワクワクするものがある、きっとこれまでに味わったことのないような魅力や面白さ、驚きや発見があると、子どもたちが期待に胸を膨らませるような場を想定しておくことを伴います。そのためには、まず**教師自身が、その場の魅力や学びとしての価値を十分に理解**しておき、子どもたちの意識がそこに接近した機を見て、「こんな素敵な場があるよ！一緒にやってみようよ！」と子どもたちにワクワクする表情で語りかけるのです。

あぁ勘違い！
これでは主体的に
ならない・・・

子どもに全てを任せることこそが大切なのだ！
教師は子どもたちのしたいことに口出ししてはならないのだ！

主体的な学習における教師の“指導”❸

並走する

一般ワードでは・・・

並走【へいそう】する

一緒に並んで走ること。

主体的な学習では
こう考える！

主体的な学習における教師は、時に子どもの少し前に、時に子どもを支え、そっと背中を押すように、傍らで絶えず子どもにまなざしを向けながら、子どもに並び立ち、共に歩みます。教師は、学びに立ち向かおうとする子どもにまなざしを向けつつ、他方、学びの意味や価値の所在についても目配りしていなければなりません。また、停滞や後退も意味ある出来事として捉え、次への一歩を子どもと共に探ります。

主体的な学びにおいては、自分がどう歩んでいくのかを子ども自身に判断させることが大切です。その判断の場には重要な他者である教師がいつも共感的・相談的に並走しています。教師は、主体的な学びを励まし時に導きながら、子ども自らが、自分らしい学びの物語を紡ぐ手伝いをしていく役割を担うのです。

あぁ勘違い！
これでは主体的に
ならない・・・

常に子どもたちに対峙し、正しいと思うことを
伝え、それを理解させていくことが教師の役割。
教師に付いてくれば子どもは正しく成長するのだ！

主体的な学習における教師の“指導”④

振り返らせる

一般ワードでは・・・

振り返る【ふりかえる】

後ろ側を振り向く。過去の物事を思い起こす。

主体的な学習では
こう考える！

主体的な学びにおける教師は、子どもに自分自身の状況について対自的な主体性を促します。主体的に学ぶということは、**外から与えられたからそうするのではなく、子ども自身により良くなりたいとする意識が伴ってこそ動き出すものです。**「振り返り」は、単に過去を見つめるということだけでなく、自らの歩みにおける意味や価値を現状の中に見出し、よりよくあろうとする子どもを支える言葉となって、自分自身を励まし・鼓舞する原動力になるのです。

振り返ったことがフィードフォワードなものとして今後に生かされるよう、教師は「いつ」「何について」「どのように」振り返らせるのかを活動展開に内包させてデザインしておくことが大切です。**振り返ったことが学びに取り込まれ還流していくように“指導”するのです。**

あぁ勘違い！
これでは主体的にならない・・・

授業を終えて、毎時間欠かさず子どもに学習の感想を書かせてさえいれば、振り返る力は必ず高まっていく！

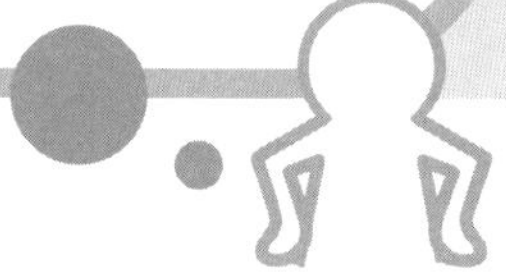

主体的な学習における教師の“指導”❺

手引きする／足場をかける

一般ワードでは・・・

手引き・足場がけ【てびき／あしばがけ】

人の手を引いて、助けたり案内したりすること。高所での作業の助けとなるもの。丸太や鉄材などを組んで作ったもの。

主体的な学習ではこう考える！

主体的に学ぶプロセスでは、子どもがつまずいたり停滞したりすることは必然の表れであるといえます。子どもには、自分の力でできることと、他者の力を借りなければできないことがあります。子どもが自力では乗り越えることができないこと、それを大人の助けを借りて乗り越えることができる場面では、教師は“自力でできるようになる”ための足場をかけてやることが必要です。初めは助けがなければできなかったことが、いずれ自力でできるようになれば、“足場”は外してやるのです。大村のいう「仏様の指」（→コラム❷）はまさに足場がけをする教師の姿であり、学習活動の中では、子どもができるようになるように教師が子どもの手を引いてやるのです。自力でできるようになった時、教師は子どもを心の底から全力でほめて価値づけてやりましょう。

あぁ勘違い！これでは主体的にならない・・・

子どもたちには、いつもヒントや手がかりを
こちらから欠かさず与えているから、
主体的に取り組めるようになっている！

コラム“そうだったのか”❷

「仏様の指」としての教師の位置

戦後の国語科の代表的な実践家である大村はまは、著書『教えるということ』で、小学校・中学校などという区別なく、何の教科ということも離れて、それらの底に流れるもの、特に「教える」ということへの基本的な教師の構えについて、次の2点を読者に強く訴えます。

一つは、職業人として、いわゆるプロフェッショナルとしての教える行為の責任への問い直しです。「読んできましたか」や「わかりましたか」は自分自身の指導の甘さ、無計画の表れではないかと問うています。そうではなく、「子どもがどんなに喜んだ顔をしても、それに惑わされず、ほんとうによい仕事をしているかどうか、きびしく自己統制できる人」「いつもわが身を責め、子どもに確実な力をつけて、責任を全部自分にとってゆくことのできる人」こそ「ほんものの教師」であると。

もう一つは、「仏様の指」の象徴的な逸話によって語られる、教える行為における教師の位置への問い直しです。

この逸話に、子どもが一人で判断できるようにしつける教師の位置が語られています。「教える」ということへの大村のこのような構えは、主体的な学習である単元学習という教授方法に凝縮されているといえます。子どもたちが「実の場」を通して、ねらいを的確に知る教師の助けを借りながら知らず知らず力をつけてしまう、このような学びの場を理想としたのです。

必要な時にそっと子どもの手を引いてやる、足場をかけてやることが、教師の「教える」行為だということです。手引きを使ってやってみるのは子どもです。それを使ってみて自分の力でできた、と子ども自身が実感できることこそ、主体性の根っこが育つということであると。教師は、子どもが自分でできるように背中をそっと押してやれる仏様の指になれ、ということです。「主体的な学び」における教師の位置や役割がここに集約されているように思います。

「仏様の指」

「ある時、一人の男が荷物をたくさん積んだ車を引いて仏様の前を通りかかった。そこは大変なぬかるみで、車はそのぬかるみにはまってしまい、男は懸命に引くけれど車は動かない。その時、仏様はちょっと指でその車にお触れになった。その瞬間、車はすっとぬかるみから抜けて、からからと男は引いていった」という話です。「男は仏様の指の力にあずかったことは永遠に知らない。自分が努力して、ついに引き得たのだという自信と喜びで車を引いていったのだ」

主体的な学習における教師の“指導”❻

導く／授ける

一般ワードでは・・・

導く／授ける【みちびく／さずける】

良い方向に向くように指導をする。物事がある方向へ動くように働きかける。師が弟子に、奥義や秘事を伝えて教える。伝授する。

導く／授ける教師の働きは、主体的な学びでは教師からの強い働きかけであるといえます。**主体的な学びでは、教師は子どもの前に立ってはいけないのでしょうか。**全て子どもが自力で学びを進めていけること、将来的にはそれを目指すものであっても、学校教育においては決してそれは全て叶うものではありません。むしろ、学びの意味や価値を知り、自分のことを理解してくれる**信頼できる教師であればこそ、タクトを振るってほしい場面**が子どもにはあるはずです。立ち止まり、方向を見失うような局面、何をすればいいのか、手の施しように戸惑う局面は、**教師の関与のしどころ**です。無分別に教え与え続けるのではありません。確かな教材研究、目標把握、子ども理解を前提として、**出るべき時（出場《でば》）と内容を見極める**のです。

**ああ勘違い！
これでは主体的にならない・・・**

主体的な学習である以上、いつも教師は黒子に徹しなければならない。“生き生き”主体的であれば、いつか必ず深まってくるんだから。

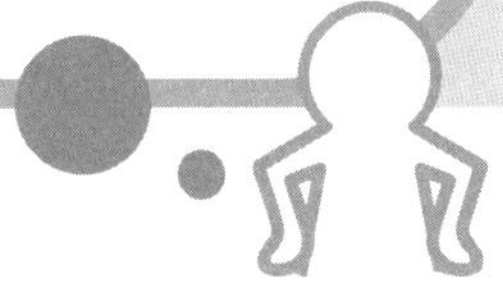

主体的な学習における教師の“指導”⑦

みとる

一般ワードでは・・・

見取る【みとる】

見てはっきりと理解する。注意深く見極めて確かめる。

主体的に歩みを進めるプロセスで、子どもたちはさまざまな出来事に出くわします。**時に停滞したり後退したりしながらも、“学び”**として目指すべき価値のあるところへ深まっていくべきです。このような学びの「プロセス」に寄り添い個々の状況に適宜関わっていくために、教師には、**子どもの活動の“意味”をみる力量**が必要となります。目の前の事実の意味を解釈する教師の「**教育的鑑識眼**」は評価の力量であり、正・誤の二分法では判断できない、**深まりの程度や具合のような質的な学力の評価においては、不可欠な力量**です。教える専門家である教師にとって、まさに、主体性やそれに連動する学びの深化の状況を「みとり」つつ、必要な時に適切にその子どもの状況に関与する行為は、「指導」と一体化した人間教師ならではの専門的力量であるといえるでしょう。

あぁ勘違い！
これでは主体的にならない・・・

私は子どものことは全て理解している。
私のみえ方に誤りはない。私の目に狂いはないのだ！

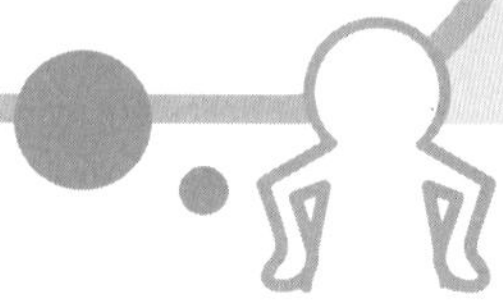

コラム“そうだったのか”❸

教師の「みる」力量とは

◇さまざまな「みる」

見る……ものの存在、形、様子などに目を向ける

察る……細かく目を光らせる

規る……まっすぐ目を向けて注意してよくみる

診る……見落としのないよう隅々までみる、心を配り、手抜かりのないよう用心する、判断する

観る……見渡し見比べる、見物する

看る……みまもる、番をする

相る……対象をよくみる、そばから助ける

督る……見張って悪いことをしないように引き締める

閲る……いちいちあたって内容を確かめる

覧る……高い所から下を見下ろす、全体に目を通す

※子どもにとって大人がずっとそばにいるとしんどい。気持ちさえつながっていれば、離れていたとしても距離は感じない。

鑑る……よくみて品定めをする、前例をみて良し悪しを考える

省る……自分の心を細かく振り返ってみる、自分の取り組みを振り返る

監る……見張りをする、上から下のものをしげしげ見下ろして見定める

験る……かぶさるようにして上から下のものをみる、全体をみる

**◇子どもが10人いれば10人とも違う。
同じ子どもはいない。**

→今、目の前の子にとって、どの「みる」をすべきなのか、どんなふうにみてやらないといけないのか。その視点をもつことが、教師の重要なポイントです。

◇孔子の言葉によると

「視る」

立ち振る舞いで行為がわかる外見。要するにパッと見てわかること

「観る」

発言や行動、表情から動機がわかる内面。表面に見えているものではなく、過去の経緯や時間の変化をも観ること

「察る」

人が何を望み、どう察するかがわかる、もっと深い内面。内面に踏み込んで、背景や意図、目的をつかもうとすること

※「察る」を意識してみると、今まで見えなかったこと、感じられなかったことまでも察えてきて、ものにある意味や人の一段奥がみえてくると説いています。

少しずつ、こういった「みる」という見方ができるようになってほしい。何をみるのか、とは、教師が何を大事にしていくのか、という観点です。

教育の専門家として、さまざまな「みる」を駆使して子どもの意味を捉えましょう。「子ども(の現象)を見ているが、子ども(の意味)が見えない」ことにならないように･･･。

主体的な学習における教師の“指導”❽

価値づける

一般ワードでは・・・

価値づける【かちづける】

物事の値打ちを決める。価値を見定めて評価する。

主体的な学習では
こう考える！

子どもの言動を価値づける・意味づけるという教師の働きは、最も即時的で即効性のある形成的な子どもへの働きかけです。それは、例えば、言葉として子どもに返していく最も日常的な評価活動であり、**教育的価値の内容と方向を熟知している教師だからこそ可能な専門的力量**であるといえます。教師によって価値づけられた子どもは、「自分にもできるんだ」と**自己肯定感を高め**、主体的な学びを促進するエネルギーとするでしょう。例えば“ほめる”という行為は価値づける教師の専門性ですが、決して“迎合”ではありません。教育する立場として、“叱る”という行為も意味や価値を凜《りん》として返す教師の大切な**フィードフォワードの働きかけ**であるといえるでしょう。また、**個人内評価**として、子ども個々の成長の物語から子どもの具体的な言動を価値づけることが大切です。

あぁ勘違い！
これでは主体的にならない・・・

私のクラスは、「〜しなさい」「静かに」
「ちゃんとしなさい」といった指示による学習訓練でしっかり学級経営できています！

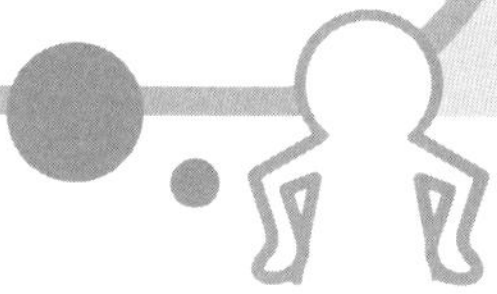

コラム“そうだったのか”❹

個人内評価を駆使する！

評価の方法は、評価情報を価値判断するために準拠する（照らし合わせる）枠組みによって大きく「相対評価」「絶対評価」「個人内評価」の3つに類型化されます。

「相対評価」は、所属する集団の中での相対的な位置づけを表示する評価法です。他の人たちと比較してどうかという見方であり、優劣の評価という性質をもちます。相対評価は、他の人たちとの関係において自己を客観視できる一方、排他的な競争を常態化させて協調性を欠如させる可能性があります。「絶対評価」は、評価する者の絶対性を基準にした戦前の絶対評価としての「認定評価」と、外的客観的に設定された目標の絶対性を基準にした評価としての「目標に準拠した評価」に大別されます。後者は、目標の実現状況を的確に把握し、指導の成果と課題を確認して学習指導の改善に生かす、いわゆる「指導と評価の一体化」が可能な評価です。

「個人内評価」は、その子ども個人において、子どもを横断的・縦断的に評価しようとする評価です。「横断的個人内評価」は、子ども個人の持つ多様な側面・特性の中で比較し、優れた点を判断する方法です。一方、「縦断的個人内評価」は、子ども個人の過去の能力や特性と比較し、現時点でどのように進歩したかを判断する方法です。子どもの個性を生かしそれを伸長するための教育においては、他者との比較に傾倒するのではなく、教師の指導のもとにその子どもがどのように変容し成長していったのかを教師と子**どもが対話的・相談的に語り合い、子ども自身に「わたしならではの学びの姿」として自覚化されることが重要です。**

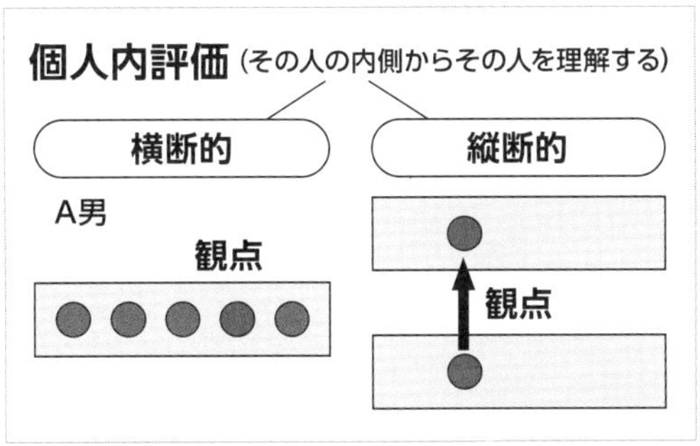

とりわけ主体的な学習では、「個人内評価」を駆使して子どもの姿の意味や価値を捉えることが大切です。価値づける（Evaluation）、その子の良さ・真価を共感的・肯定的に認める（Appreciation）、他者と協同で対話的・相談的に状況を査定する（Assessment）の3つの働きで、**子どもの学びに並走する**のです。具体的には、例えば、「あなたは○○が得意だね」「□□でのあなたは素晴らしいね」「前よりできるようになったね」「〜〜の点はあなたの新しい発見だね」等のリボイス（→83ページ参照）がイメージできます。「個人内評価」のポイントは、**その子ども個人の個性的な物語の中で、成長やつまずきの事実を価値づけてやることです。**

〔自分の良さがわかる〕〔何が良かったのかがわかる〕〔ぼくって結構やれるかも・・・〕〔私でもできるんだ〕という自己肯定感、自己存在感を高めながら、自分ならではの歩みを進めていく。国語科のみならず、学校生活のあらゆる場面で「個人内評価」を駆使して、個々の子どもの歩みの物語につぶさにまなざしを向けていきましょう。あなたの「個人内評価」としての一言が、その子どもの人生を変えることだってあるのです。

主体的な学習における教師の“指導”❾

つなぐ

一般ワードでは・・・

繋ぐ【つなぐ】

離れているものをあわせて、ひと続きに結びつける。切れないように長く保つ。絶えないようにする。

主体的な学習では
こう考える！

個々の子どもが思い思いの活動で拡散しているだけでは、決して学びは深まりません。主体的に学ぶ場では、個々の発想や方法、考え方に**“ずれ”が生じるところに深まりの契機**が生まれます。そこでは、個々の子ども固有の考え方とその“ずれ”の存在をみとり、**共通点や相違点に触れながら考えをつないでいく教師の存在**が必要です。学級経営がうまい教師は、授業がうまいと言われます。それは、「できる子」の発言にだけ焦点を当てるのではなく、学級の中の「できる子」と「しんどい子」**の発言をつなぎながら授業を進めていくこと**を視野に入れているからです。子どもたちが自らの考えを他者と相対化して、他者の良い考えを取り込み（「専有（アプロプリエーション）」）ながら学びを深めていくために、**話し合いに介入しながら考えをつなぐ働き**が教師に求められます。

あぁ勘違い！
これでは主体的に
ならない・・・

私のクラスでは、「～さんに付け足しで」
「同じです」など、発表する言葉を前面掲示しているから、
考えをつなげて言えます。大丈夫！

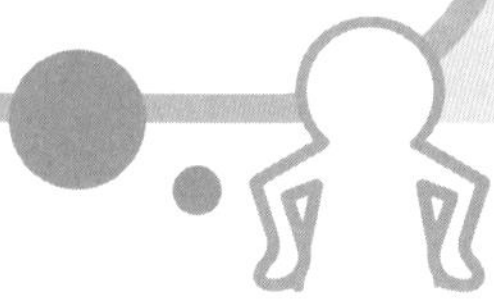

主体的な学習における教師の"指導"⑩

促す/しかける

一般ワードでは・・・

促す/仕掛ける【うながす】【しかける】

物事がすみやかに進むように、さらに力を加える。相手に対してこちらから働きかける。相手が乗ってくるように仕向ける。

主体的な学習では
こう考える！

主体的な学習は、子どもに深まりが放任され、「浅い」思考のまま**終始するような活動主義**にとどまっていてはなりません。全員で交流した考えを手がかりに、一人で考えていたことが、他者の考えを聴き合うことで、**考えが再構成**されて新たな気づきやわかりを生み出す深まりに連結していくことが大切です。その**深まりの契機**となる考えや着眼点、新たな情報は、子どもたちの考えから導き出されればベストですが、**深まるために共有する論点**として、教師も**子どもの考えの状況や傾向を把握して想定**しておくことが重要です。これまでの授業研究で話題に挙がってきた「ゆさぶりをかける」「教師の出場(でば)」は、不易でありこれからも大切な教師の働きであるといえます。つまり、「深まり」を待ち続けるのではなく、「深める」ことが教師の不易の**責務**といえるのではないでしょうか。

あぁ勘違い！
これでは主体的にならない・・・

子どもたちの考えを発表交流すれば、
それで十分じゃないか。下手に教師が介入すると、
子どもなりの考えの価値が下がってしまう！

主体的な学習における教師の“指導”⑪

しつらえる

一般ワードでは・・・

設える【しつらえる】

ある目的のために作り上げる。備えつける。前もって用意する。

主体的な学びは、子ども自身が試行錯誤しながらも自分らしく歩む姿によって確認できます。そしてそれは、**学習のプロセスにおけるその子どもなりのこだわりや、着眼、特徴ある学びの実際**として立ち表れます。子どもたちが日々生活する教室には、そのような個々の子どもの学びの実際としてのワークシートや表現物、作成中の作品や子どもの試みや停滞や模索が見えるメモなどが、**学びを共にしている子どもたちのために公開**されることが大切です。教室という場を単に整えるのではなく、今、まさに自分たちが価値あることとして協働していることのプロセスの実際を、学び合う仲間と共有する**〈学びの環境〉**にするのです。いわば「**子どもが動いていることが見える教室**」であり、主体的な学びを動かしている子どものために「**〈学びの環境〉をしつらえる**」のです。

ああ勘違い！
これでは主体的にならない・・・

私は綺麗好きだから、整理整頓は徹底しています。
完成作品を来客に観てもらう時に恥ずかしくないよう、
歪まず並べて貼っています！

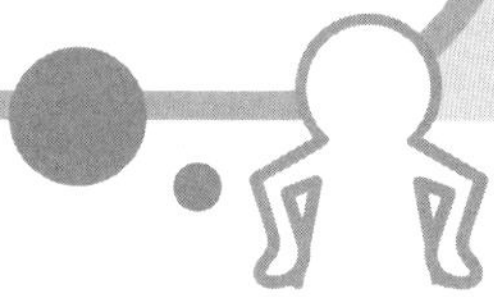

【参考・引用文献】

・倉澤栄吉『国語単元学習と評価法』世界社、1949。
・大村はま『教えるということ』共文社、1973。
・吉崎静夫『デザイナーとしての教師 アクターとしての教師』金子書房、1997、pp.90-127。
・秋田喜代美『授業研究と談話分析』放送大学教育振興会、2006。
・OECD 教育研究革新センター編著、有本昌弘監訳『形成的アセスメントと学力ー人格形成のための対話型学習をめざして』明石書店、2008。
・佐藤学『教師花伝書ー専門家として成長するためにー』小学館、2009。
・勝見健史「相対評価、絶対評価、到達度評価、個人内評価」梶田叡一・加藤明編著『改訂　実践教育評価事典』文溪堂、2010、pp.134-135。
・溝上慎一『アクティブラーニングと教授学習パラダイムの転換』東信堂、2014、pp.51-52。
・安彦忠彦『「コンピテンシー・ベース」を超える授業づくり　人格形成を見すえた能力育成をめざして』図書文化、2014。
・奈須正裕『「資質・能力」と学びのメカニズム』東洋館出版社、2017。
・黒田篤志・長沼武志・森本信也「授業における子どもの相互アプロプリエーションの内実に関する研究」『関東学院大学人間環境学会紀要』第 30 号、2018、pp.7-19。

第2章 のポイント

- 教えるとは何か、「指導」「学習」「評価」の関係性を
問い直してみよう。
教師像の新しさと不易とを見極めよう。

- 子どもの学びを促すための教師の３つの立ち位置として、
その働きかけを見直してみよう。

- 主体的学習における教師の１１の“指導”
「デザインする」
「いざなう」
「並走する」
「振り返らせる」
「手引きする / 足場をかける」
「導く / 授ける」
「みとる」
「価値づける」
「つなぐ」
「促す / しかける」
「しつらえる」
それぞれの“指導”の不易性と流行性を問い直そう。

第3章

主体的な国語科学習を支える教師の「指導」

―【学習】のための【指導】を―

この章では、国語科の授業で「主体的な学習」を実現するために、教師にはどのような「指導」が必要となるのかについて具体的に見てみましょう。全ての「指導」が子どもの「主体的な学習」の質を高めることに繋がっているという点、また、それらの「指導」には、教師としての「不易」の部分が含まれているという点を意識してみてください。

では、国語科において主体的な学習を実現するために、子ども側の主体的な学びの促進と往還する「学習のための指導」をどのように考えれば良いでしょうか。

3
並走する

7
みとる

授業づくりの前提として

―"主体的・対話的で深い学び"を生む土壌づくり―

主体的な学習を実現するということは、決して学びを子ども側に放任することではありませんし、子ども同士で生き生き話し合っていればそれで十分、というようなことではないでしょう。「主体的な学び」は、従前から教育現場では何度も話題になって実践に取り組んできたテーマであったはずです。

学習指導要領改訂の際に、中央教育審議会は次のように述べています。「主体的・対話的で深い学び」について、「**これまでと全く異なる指導方法を導入しなければならないと浮き足立つのではなく、これまでの教育実践の蓄積を若手教員にもしっかり引き継ぎつつ、授業を工夫・改善することが必要**」(2017年2月14日〈改訂のポイント〉)ということが言及されています。「授業づくりにあたってのさまざまな創意工夫、それを支える基本的な指導技術をおろそかにしない」ということです。**「主体性」を慮《おもんぱか》るが故に、教師が出るべき時に躊躇《ちゅうちょ》したり、子どもの活動の後追いをするような漠然とした指導になったりするのではなく、**従前まで行ってきた指導を基本にしつつ、さらに「精度を上げる」、「解像度を上げる」というイメージで授業改善に臨むべきだと考えます。

これは大切なことです！焦って新しいハウ・ツーや飛び道具に飛びつくだけではなく、これまで大切にしてきた子どもへの構えを忘れずに･･･

それは言い換えれば、これまでにも現場で話題になってきたこと、試行錯誤してきたことに、新たにどのような考え方が背景となって何が加わったのか、そしてそれはこれまでの指導のあり方をどう変えることになるのか、という意識です。「主体的・対話的で深い学び」という新たなスローガンによって、**Aのものを総替えで全く異なるBにする発想ではなく、AからA'への更新、すなわち、教育活動としての不易の部分を前提にして実践の姿を更新していく**のだ、ということを再認識したいと思います。「流行の中にある不易」「不易の中にある流行」の視野で臨みたいところです。

これまで日々授業に取り組んできた自分や自校の強みやこだわり、弱点を振り返ってみよう。そこに新たな更新のヒントがあるはず！

このような考え方の視座に立てば、「主体的・対話的で深い学び」を生み出すための前提として、従前からもさまざまな場面で話題になってきた「学級経営と授業は表裏一体」という点は看過できないものです。すなわち、「主体的・対話的で深い学び」の実現には、次のような学級集団（学習集団）や関係性の土壌が醸成されていること、逆に「主体的・対話的で深い学び」によって、学級集団（学習集団）が育っていくことが望まれます。

◆学級全員で、ある一つの具体的な解決・克服・達成したいテーマや課題を共有しながら、そこにみんなで取り組んでいこうとする協働的な関係性の集団。
◆ある一つの「正解」や「方法」に収斂《しゅうれん》すること、あるいはそのことへの盲目的な同調ではなく、異なるアプローチや解の存在を喜び合う創造的な関係性の集団。
◆個々の能力や興味・関心に違いがあることの上に立って、個々の「良さ」を互いに理解し、その個の存在が学級に不可欠であることを認め合う相互尊重の関係性の集団。
◆「できたかどうか・成功したかどうか」の結果（プロダクト）とともに、解決に向けてどのように相互調整・更新しながら歩んできたかという過程（プロセス）重視の関係性の集団。
◆教師と子どもが、「教える－教えられる」という関係性に加えて、プロセスでまなざしを交わしながら共に歩み・悩み・喜び合う、学びのコミュニティとしての相談的・共感的な関係性の集団。

つまり、このようなことを成立させていくためには、国語科学習を主体的な学習として展開しようとするならば、**教師は目の前の子どもの興味関心のありかや言語運用力の実態をみとり、「子どもを理解していること」**が大前提となるということです。さらに、これらのことは、決して国語科の授業だけで醸成されていくものではありませんし、**学年を縦断して、教科を横断して、これらの様相を目指して教師から子どもへ働きかけ続ける**ことが大切になるでしょう。とりわけ、「構成主義」的な知識観、学習観を標榜《ひょうぼう》する現在では、**自分とは異なる考え方の他者と協働で共有する課題を解決していく**ことがあることから、日々生活を共にする学級集団作りにおいて、**学び合う関係性を構築**しておくことが重要になります。

「授業は学級作りが前提」と言われる点はここです。逆に、自己肯定感、自己存在感、自尊感情が保障される授業を通して学級づくりをしていこう！

それぞれが、それぞれの強みやこだわりの知を出し合うことによって深まる集団です。仲間と協働することの意味はそこにありますよね。

一人が全てのことを正解として知っていなくても良いのです。「みんなの中の私」「私が存在しているみんな」そんなことを学びの中で実感できる学級を目指したいですね。

ここも参考に
第1章 p.13

① inputからoutputまでを“単元”に

まず、教師は主体的に学び合える「場」としての単元をデザインする必要があります。

「デザインする」とは決して曖昧でいい加減なプランで臨むということではありません。単元を創出する時には、**教科のねらいを知るスペシャリストとしての教師の専門性と、子どもを全体的・総合的に成長を支えているジェネラリストとしての専門性を十二分に発揮**することが望まれます。言い換えれば、「〇年生として育てる国語科の内容は何なのか(教科としてのねらい)」ということへの理解と、「私の学級の子どもたちなら、〇〇〇〇という物語を読めば、きっと□□□□をしてみたいと思うんじゃないかな(活動としてのめあて)」ということとを、**目の前の子どもの表情を思い浮かべながら両側面をすりあわせる**ことが、授業を開始する前の教師の作業となります。

とりわけ、子どもたちの言語生活や読書生活に近い話材と、そこでの追究の目的・状況・文脈の取り上げ方は、実際に目の前の子どもたちと生活を共にしながら成長を支えている教師だからこそ感じ取ることができるものでしょう。**子どもたちの言葉の使い方や読書に関わる実態、興味関心、つまずきのありかを熟知している教師**だからこそ、子どもたちが「みんなと一緒に解決したくなる」ひとかたまりの時間を学びの場としてデザインし、提供することができるのではないでしょうか。

では、どのように国語授業をデザインするのか。今求められる授業のデザインの仕方について考えてみましょう。

inputからoutputまでをひとまとまりの学習展開として構成する――これが、将来を生きる子どもたちに対して、今、教師が考えるべき授業のデザインだと考えます。

読むだけ、聞くだけのinputだけではなく、outputまでの一連の単元をつくるということです。inputは、読むか、聞くか、見るか、体験するか、ということになります。それをある目的や条件に応じて思考・判断しoutputする、〈input→思考・判断→output〉を一つの単元としてデザインするのです。

ここも参考に
コラム❶

《デザインする》ことは、性急な完成を求めるものでありません。絶えず書き換えながら更新して良いのですよ。

このプロセスはとても大切です。目の前の子どものことを思い浮かべるのです。学級担任としての真骨頂です！

「読んで考えたことを書く」「〜〜として書くために読む」「見聞きしたこと（経験したこと）を話す」など、他領域が繋がった《複合単元》として考えてみましょう。

全国学力・学習状況調査の結果の公表後、よく「**本県、本市は書く力が弱い**」などという指摘を耳にすることがありますが、それは「書く力」だけが弱いのではありません。例えば「読んだこと（input）を書く（output）」わけですから、**書くことだけを切り離して練習していては力は育ちません**。inputからoutputまでの一連のプロセスを単元にしないと力はつかない。inputしたことをどう書き換えるか、**相手や目的・状況下でいかに必要なことをinputし、それを目的に応じてよりよく変換して書き換えるか**という展開としてデザインすることがポイントとなります。

それは、下図に示すような**〈input →思考・判断→ output〉のひとまとまりの学び（＝単元）**としてイメージすることができます。それはさらに、子どもが協働で「どうinputしたら良いか」「どうoutputすれば良いか」の思考・判断を伴う次の3つの段階を通した子どもの主体的な追究の場を、教師がデザインすることで具現化することができます。

あなたの県、市、学校ではどうでしょう。学テの分析「課題」の箇所に、これに当たる記述がありませんか？
そこに注目してみてください！

ここも参考に
第3章④

一連の活動としてデザインすることが大切です。outputがinputから切り離されて「主体的な活動」として行われていませんか？“思考無き表現”に陥る危険性が･･･

【今求められる授業づくり】

課題解決のプロセス（＝言語活動）を単元に

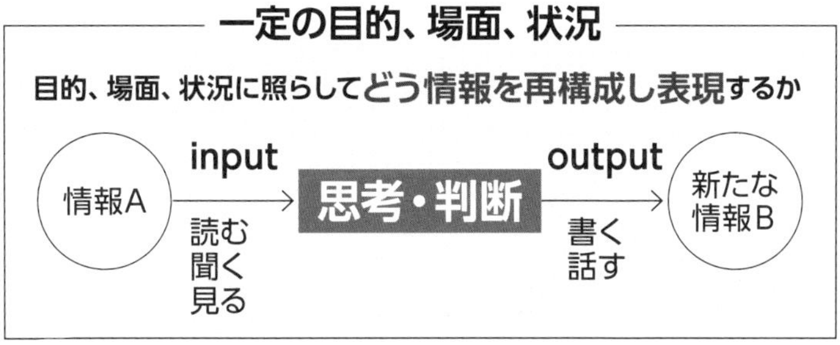

言語能力（話す・聞く・書く・読む）・**言語知識を駆使して局面を解決・言語を運用する力**

①目的や条件に応じて情報をinput（読む、聞く、見る）する段階。
②目的や条件に照らした情報の吟味・検討（思考・判断）する段階。
③目的や条件に合った形で情報をoutput（書く、話す）する段階。

丸投げの活動にならないように、「何のために」「何について吟味・検討するか」等、思考する場面を単元展開の中で明示的に取り上げることが大切です。

教師は、①②③の一連の課題解決の過程を、ひとまとまりの単元として組織し、授業化を図ることとなります。outputのみに重点が置かれるような、思考の伴わない表層的な伝え合い学習にとどまってはいけません。子どもたちが主体的に向き合える場であるかどうかは、「目的・相手・状況・場面」をどのようにデザインし、**子どもたちと切実感・必要感・現実感のある場として共有できるか**という点がポイントとなります。

ここで大切なことは、言語を運用したくなるような具体的な目的、場面、状況をデザインし、一連の追究過程で**「条件」を意識させて子どもたちに思考させる**ことです。全国学力・学習状況調査の問題は、inputからoutputまでが大設問に続く小問になっています。こういった設問の最後には、「〇つの段落で書きなさい」「何文字で書き表しなさい」という**量的・形式的な条件**の提示が伴っています。むしろ教室の授業では、例えば「1年生にもわかるように書き直しなさい」「主人公の特徴がわかるように推薦しなさい」というような**質的な条件**を伴って思考・判断させる場をデザインすることも、子どもの主体的な学びを保障するために必要でしょう。**「目的に応じてどう読めばいいのか」「目的に向けてどう書き換えればいいのか」について、思考する場**を単元の中に明示的に位置づけるのです。

ここも参考に
第3章⑨

さて、このようなinputからoutput までのデザインは、いきなり年間の全ての単元で行うことは現実的には難しいでしょう。教科書の中でこの領域のこの単元なら、この教材なら、というものにいくつか焦点を当て、年間の中の**重点単元**として位置づけてみましょう。そして、隣接する学年、6年間なり3年間の学校種全体を通したカリキュラムの中で重点単元を配置してみましょう。さらに、その**重点単元に連動する単元**(事前に力をつけておく必要がある単元)**を意識**しておきましょう。単元デザインによって子どもたちに力をつけていくためには、熱意ある一人の教師が単独で取り組むだけではなく、**学年全体、学校全体、学校種全体で、縦断的に実施**することが望まれます。この学校、この街で育てれば、将来に必要な学力を意識した先生方から毎年確実にこの手の授業が子どもたちに提供される、いわば“**カリキュラムで育てる**”ということです。

どの学年も年間に最低1回はこのような学びの経験をさせてやりましょう。教えてもらっていないことを学テで問われることがないように…

単発の研究授業ではなく、長期的な成長の視野をもって本気で育てるなら、これからは学校種縦断・教科横断の意識がとても重要です。「カリキュラムで育てる」視点を持つのです。

兵庫県の豊岡市は、「多読型単元」を重点化し(→P53図・網かけ部分)、市内全ての小1から中3までの国語科カリキュラムに位置づけた、「豊岡国語カリキュラム」を作成することに取り組みました。さらにこの取り組みの素晴らしい点は、**「作成して終わり」ではなく「作成したものを手がかりに実践を通してより良いカリキュラムに更新し続ける」**ことに取り組んだことです。まずは、各校のその年度のその学年の先生方が、この“仮キュラム”を実際に自校の学級で実践、その結果、実践上の改善点をカリキュラムに経験的に追記更新し、より目の前の子どもたちの実態や特徴に即したものになるように次年度に申し送るのです。こうして、カリキュラムをデザインするという視野に立って、重点単元を意識した上で、**校内・市内・学校種を縦断して、同じ理念・方向性を持った教育実践を連続させていく**ことで、子どもたちの成長を確かなものにすることができます。

このように、教師が**単元をデザインすることは、同時にカリキュラムをデザインするということと連動**しているのです。**国語科以外の教科や領域と連関にさせる視野**が、主体的な学習としての国語単元をデザインする教師の“指導“においては、不可欠であるといえます。

inputからoutputまで、つまり、認識から思考へ、思考から表現へのひとまとまりの単元としてデザインすることを、**まずは教科書の教材文を核に**して試行錯誤してみましょう。きっと子どもたちの学びに向かう表情が変わることを実感できるでしょう。

このような学年間、学校間の取り組みは、「表現の質をどうみるのか」という評価のぶれをなくすことにもつながります。

自校の学校行事の内容、他教科の学習内容と、単元で扱う内容、表現の場を関連させるのです。自分たちが言葉を運用し、生活をより良くしていく場として。

小学校国語科第4学年　年間単元配列

第4学年		4月					5月				6月			7月				9月			10月
単元名（時数）		詩を楽しもう（2）	1 音読げきをしよう（8）			話し合いのしかたについて考えよう（4）	2 読んで、自分の考えをまとめよう（10）			3 調べたことを報告する文章を書こう（12）	声に出して楽しもう（1）		4 物語を読んでしょうかいしよう（8）		新聞のとくちょうと作り方を知ろう（5）		本は友達（6）	詩を楽しもう（2）		5 調べて発表しよう（15）	
教材名		春のうた	白いぼうし	漢字の組み立て（3）	夏近し（1）	よりよい学級会をしよう	大きな力を出す 動いて、考えて、また動く	漢字の広場①（2）	いろいろな意味をもつ言葉（2）	読書生活について考えよう	一茶・蕪村など	まちがえやすい漢字（2）	一つの花	夏さかん（1）	新聞を作ろう	漢字の広場②（2）	本は友達 かげ[illegible]	忘れもの ぼくは川	カンジーはかせの漢字しりとり（2）	だれもがかかわり合えるように〈資料〉手と心で読む	漢字の広場③（2）
つけたい力	話す・聞く	○				◎														◎	
	書く						○	○		◎					◎	○	◎				○
	読む	○	◎				◎						◎				◎	◎			
	伝統的な		◎	◎	○	○		◎	◎	○	◎	◎		○		◎			◎		◎
委員からのアドバイス		かえるになりきって、動作をつけながら音読させてみましょう。	「車のいろは空のいろ」（あまんきみこ作）の読書に広げてみましょう。				筆者の考えにそって、自分達も動き、絵や文章構成等の効果を考えてもいいですね。			自分達の読書生活について振り返るきっかけにしてはいかがでしょう。			「平和」をテーマにした本を読ませてみましょう。				キャプションづくりに挑戦するのも楽しいですよ。			総合的な学習と合わせて福祉体験に取り組んでみてもいいですね。	

中学校国語科第1学年　年間単元配列一

中学1年		4月		5月				6月							7月	
単元名		言葉に出会うために		1 学びをひらく								豊かな言葉			読書と情報思いを伝える	
教材名（時数）		言葉に出会うために 野原はうたう 声を届ける／書き留める／本と出会う／言葉を調べる（6）	情報を正確に聞き取ろう（1）	にじの見える橋（5）	話し言葉と書き言葉（2） 季節のしおり 春	友達をみんなに紹介しよう 取材してスピーチで伝える（3）	ダイコンは大きな根？（3）	ちょっと立ち止まって（6） （書く）段落のまとまりを意識して書こう（2）	わかりやすく説明しよう（3） 観点を決めて書く	スピーチ名人になろう（1）	漢字の組み立てと部首（1）	はじめての詩 詩四編（3）	言葉を集めよう（2） もっと伝わる表現をめざして（書く）推敲文を書こう	文法の扉① 言葉のまとまりを考えよう（2）	おいしい読書（1）	情報コラム[illegible] 江戸からのメッセージ 読書案内 季節のしおり 夏（3）
つけたい力	話す・聞く		◎			◎				◎						
	書く							◎	◎				◎			
	読む	◎		◎			◎	◎				◎				◎
	伝統的な…							○			◎		◎			○
委員からのアドバイス		新しい仲間の中で声に出して読むことに集中させてみてはどうか。		表現技法・心情描写・情景描写の仕掛けを探る。		学級開きにも対応できる。	「野菜の秘密」を探る…単元を仕組んでも楽しい。	クラブやクラスの紹介を3段構成で説明しよう。	「私のお気に入り」を説明しよう。	学校行事とも関連づけて構成してみてはどうか。		山村暮鳥、カール・ブッセ、草野心平、室生犀星…作品に触れる。詩歌作品つくり入門に。			本の紹介「読書カード」作りとその活用をしよう。	テーマ読み、ジャンル読み、作者読み等、読書の世界を広げよう。

友達 「きみの友達」重松清 「そこに僕はいた」辻仁成 「泣けない魚たち」阿部夏丸 「友情」武者小路実篤 「小さな雪の町の物語」杉みきこ 「夏の窓」安房直子

「蝶々はなぜ菜の葉にとまるのか」稲垣栄洋 「草花のふしぎ世界探検」ピッキオ

「図説 不思議の国のアリス」桑原茂夫 「ふしぎな絵」安野光雅

中学1年		9月			10月						11月				12月	
単元名		つながりを読む							いにしえの心にふれる			論点をとらえる				
教材名（時数）		星の花が降るころに（5）	大人になれなかった弟たちに…（4）	指示する語句と接続する語句（2）	項目を整理して伝えよう（4） 案内文を作る	シカの「落ち穂拾い」（5） （書く）図表を添えて日記を書こう	流れを踏まえて話し合おう（1）	季節のしおり秋 音読を楽しもう いろは歌 七夕に思う（2）	蓬莱の玉の枝（4）	・今に生きる言葉（2）	故事成語を使って体験文を書こう（2）	話題をとらえて話し合おう バズセッションをする（5）	文法への扉② だれが・何を・どうする？（2）	流氷とわたしたちの暮らし （書く）具体例を示して書こう（7）	調べたことを報告しよう（4） レポートにまとめる	漢字の音訓（1）
つけたい力	話す・聞く						◎					◎				

「夕暮れのマグノリア」「頭のうちどころが悪かった熊の話」

豊岡市小中国語科カリキュラム―重点単元の実践と更新を通した理念の共有―

コラム“そうだったのか”❺

3つのタイプの単元デザイン

国語科の言語能力や言語知識を活用して、「『思考力・判断力・表現力等』を発揮させていく」授業として、例えば、次に示す3タイプの「単元づくり」が考えられます。

多様な読み・読書にひらく単元

単独の文学作品の作品世界の読み味わいや、その他の多様な文章の読み解きについて、「なぜそう思うのか」「なぜそう読んだのか」等、自己内対話をしながら自分なりの読みを構築していくプロセスを、作品を読み深めるための学習課題を伴った教材単元としてデザインするものです。

図書室で始まって図書室で終わる単元、自分の家の本棚から始まって本棚で終わる単元のように、関連する複数の文章を比べたり重ねたりしながら、単独の文章からだけでは見えないものを読んだり、作者・ジャンル・テーマ・モチーフ等に着目して主体的に本にアクセスし、子どもの豊かな読書生活に還流したりする単元が考えられます。

表現にひらく単元

遊ぶ、伝える、教える、まとめる、調べる、整理する等の表現活動を目的とした一連の言語活動のプロセスを、作業単元としてデザインするものです。「紹介文を書こう」のように、子どもたちにとってリアリティのある具体的な相手・場面・状況・文脈等をもち込むことにより、表現活動が必要性のあるものとなって言語活動をアクティブにすることができます。

学校生活・社会生活にひらく単元

自分たちの学校・地域の課題について、そこに生活する人々との相互作用の中で活きる言語活動のプロセスを、単元としてデザインするものです。子どもの実際の学校行事や地域の特色と連動した単元展開が考えられます。「体験したことを10文字のキャッチコピーにして帯をつけて図書館に飾ろう」のように、魅力ある課題にすることが可能です。特別活動の時間や総合的な学習の時間等と連携させてカリキュラム・マネジメントを行うことで、教育効果を高めることが期待できるでしょう。子どもにとってリアリティが高まると学びがオーセンティックになります。教科書だけではなくて、生活に密接になってくるので、やっていることが使えるようになってきます。読んだことが、書き方がわかって使えた、学びの真正性が高まります。

これらの単元づくりは、必要に応じて相互に関係づけながら複合的にデザインすることが有用です。

② わくわくする魅力的な言語運用の場を

—子どもも教師も学び浸る場を創る—

先ほど、**豊かな言葉の使い手として「言語を運用する」**力を育てることが今求められるのだということをお話しました。**“書きたくなる”“読みたくなる”“話したくなる・聞きたくなる”場**でなければ、子どもにとってもしんどいだけで、内面から湧き上がるようなやる気は生じないでしょう。inputからoutputまでの単元のひとかたまりにするのだけれど、それが目の前の子どもたちにとって魅力あるものになっているかどうか。面白くなかったら、子どもたちは逃げていきます。わくわくする、**できる子もできない子も学び浸る場**にしないといけません。**「落ちこぼれ」も「浮きこぼれ」**も生み出してはいけません。「子どもたちがしんどいから」と言って、どんどん**難易度を下げるのではなく、学びの魅力を高める**のです。魅力的な単元では、できる子はできる子で伸びる。しんどい子はしんどい子で伸びる。それが単元のリズムになります。

魅力的な「場」を教室に持ち込んだ時の、クラスの子どもたちの表情を思い浮かべてみよう！

単元の哲学というのは、活動の面白さや見た目の形態の話ではありません。「どの子も活動する」「どの子どもにも寄り添う」ためには、「学びの難易度を下げて」子どもに寄り添うのではなくて、「学びの魅力を高める」ことが必要なのです。**「書いてみたい」「読んでみたい」と思える魅力ある場に子どもたちを誘って（いざなって）**ください。

よりよく話す、聞く、書く、読むことで、子どもたちの生活が豊かになる・改善されるような場を探してみよう。

〈input→思考・判断→output〉の展開は、子どもの側に必然性が伴っていなければ、主体的な学習としてのエネルギーが低減します。そのためには、単元の導入段階で子どもと言語素材とをどのように出会わせるかが重要なポイントです。第一次における「読んでみたい」「書いてみたい」「伝える必要がある」という構えの醸成は、「知らず知らず何度も読んでいる」「必要感の中で何度も書き直している」構えを生み出します。導入段階で、教師から**具体的な相手意識、状況意識、目的意識を持ち込み、現実感・必要感・必然感を醸成することが、子どもの主体的な言語活動の原動力**となります。魅力ある単元と子どもたちとの出会いの瞬間を大切にしたいところです。

かつて私は６年生で「図書室改良大作戦」という単元を実践しま

した。その時勤務していた学校の図書館には、本棚の最上段に、ほとんど貸し出しのない極めて人気のない本が並べられていました。それを子どもたちに見せながら、「あの本たちは、本当につまらない本なのかな…？もしかして見た目が分厚い、難しそう、といった点だけの『食わず嫌い』なんじゃない？」と問いかけました。そして、「最上段に並べられている本に『推薦』の帯を作って、その本の魅力を校内に広めてみたらどうかな」、と**問いかけ、いざなった**のです。

すると、子どもたちから、「じゃあ、どれだけその本の魅力が伝わったかどうか、帯をつけてからの貸し出し数を比べて競争だ！」という声もあがりました。ここで競争がふさわしいのかどうかは別として、そのときの子どもたちにとっては、**「本を読んで推薦する」といった一見難解な学習が、「何とかしてこれらの本を復活させたい」という「実の場」として、「図書館をより魅力的な場所に改良したい」という共通の現実の目的となって意欲を向上**させたことは間違いありません。もちろん、この実践にあたっては、図書室の最上段にはどのような本が並んでいるのか、それが該当学年の読みの学習としてふさわしいものなのか、また、個々人に好き勝手に本を選ばせるのか、それともあらかじめ最上段から教師が数冊を選んでおいて提示し、分担させるのか、等の事前の単元の見通しや配慮が不可欠です。しかし、実際の子どもの表れとして、普段は読書を避ける子どもが、長年読まれていない本のページを開き、「なんだ、これ結構面白い話だよ！」と笑顔で仲間と語らう活気ある姿が教室のあちらこちらで見られたのです。

卒業前の子どもたちが、学校に貢献したい、より良くして卒業したい、という気持ちもこの活動に重なり意欲を高めました。

このように、言語を運用したくなる（うまく運用する必要がある）魅力ある「場」の中で言葉の力を習得（獲得）するプロセスをデザインしてみましょう。**目的・状況・文脈のある場を、より生活（子どもの言語生活・読書生活）に近づける**のです。例えば、6年生の子どもたちであれば、「実際の卒業式の呼びかけの言葉（答辞）に、自分たちの体験・エピソードからどの言葉をどんなふうに埋め込むか、○字程度の短いフレーズで創ってみよう」、「私たちの学校の魅力を校歌にある歌詞から読み解いて解説してみよう」、というように、6年生の子どもたちにとって**切実で現実感のある、言葉に関わる生活場面**にいざなってやると、教科書に閉じた学びではない、魅力ある学びの場が生まれます。内発的な意欲にかられて対象となる事柄に関わりたいと感じ、つき動かされている状態、つまり**言語知識や言語能**

力が駆動する状態にいざなうのです。そして、ここで私からもう一つ、授業がうまく進んでいくためのポイントをお教えします。ぜひ、**先生も子どもたちと共に学び浸って**ください。子どもと同じ目線から追究する言葉の使い手の一人として、**先生も子どもと共に魅力ある場を味わい、楽しみ、悩み、気づき、できるようになることを喜び合う、そんな共同体の中の教師と子どもの関係性**です。先生が楽しくないと思うことは子どもが楽しいはずもありませんよね。

先生がわくわくしながら追究する姿を見て、子どもたちは嬉しくないはずはありませんよね。

子どもたちが言語活動に主体的に関わっていく授業を考える手がかりとして、戦後の国語科教師である大村はまが単元学習を通して主張した**「実の場」**の考え方が参考になります。大村は、子どもにとっての言語活動が、そうせずにはいられない切実な場となるものが「実の場」であり、そのためには、**「言語活動が一つの話題を中心にして互いにつらなりあい、呼び出しあっていく国語の教室」**であることが大切であるとしています。

単元の入口だけ、出口だけではなく、言語生活や読書生活の場面が単元全体を包み込むイメージです。

魅力ある場といっても、子どもに全てを委ねて好きなように放任する、そんな緩い場のことではありません。**「国語の教室」として、どう話せば、どう書けば、どう読めば、目的がよりよく解決できるかに関わる思考・判断**すること、そのような場面を本時レベルでは大切にしないといけません。

○相手意識・・・相手が○○だから～～することが大切だ。
○目的・場面・状況意識・・・こういう状況、場面だったらこういうふうに話さないと。
○当事者意識、役割意識・・・私ならこうする、私の役割から考えるとこれが必要だ。

ここも参考に
第3章④

自分ならこう読む・こう書く・こう話す・こう聞くを互いに交流することを通して、どう思考・判断すればいいか（どう書けばいいか、どう読めばいいか）ということを、子ども自身に意識させたい。そのためには、**言語活動に具体的な目的や場面の設定を内包**させてみましょう。漠然と活動に取り組むのではなく、自分が○○を紹介するには、こういう項目が必要じゃないか、１年生だったら何文字くらいがいいんじゃないか、という条件、どうやって書けばいいのかという方法、つまり、「誰に何をどんなふうにするの？」と**子どもたち自身が立ち止まって考えることが、言葉の力につながります**。このような必要な**思考へのいざない**も、主体的な学習に並走する教師に必要な“指導”であるといえましょう。

克服すべき「葛藤」「対立」「矛盾」を乗り越えるために思考することは、子どもたちの思考力・判断力を鍛えることになります。

《学習のための指導》

③ 魅力ある言語活動(2)に 言語運用の思考(1)を埋めこむ

まず何より、子どもたち自身が「ぜひこのことを話してみたい」「読む必要がある」と思える場の魅力が大切だということをお話してきました。

例えば、ある市の実践集を見れば、「自動車図鑑をつくる」「どうぶつの赤ちゃん紹介文を書く」「昔話紹介カードを書く」「物語紹介ポスターをつくる」「生き物クイズをつくる」「作品の面白さを帯にする」「登場人物にお手紙を書く」「続き話を書く」「発表会を開く」「行事リーフレットをつくる」「都道府県報告カードを書く」「活動報告書を書く」「おすすめ本のＰＯＰを考える」「キャッチコピーを考える」「〇〇についてスピーチする」など、さまざまな言語活動の展開がデザインされています。これらが、**「何のために」「誰に」「どんな状況で」という具体的で現実的な内容を伴って子どもたちと教師との間で共有**されていることが大切です。**自分たちの実際の生活とのつながり、自分の読書のありようとのつながりを実感しながらの言語活動**であることが抜け落ちると、「“与えられた”物作り」「表現“させられる”活動」として子どもたちには必然性のないしんどい活動になってしまうでしょう。日常の子どもたちをめぐる現実の人・もの・ことに関わる**コトバのありように目を向けて、それをより良くしようとする場**を教室に持ち込みましょう。

「力をつけてやりたい」という気持ちが空回りしないよう、まずは目の前の子どもを思い浮かべながら魅力的な言語活動をデザインしてみよう。

このように、言語活動の魅力を高めることが“前提”となって、「学び」としてのデザインをさらに進めていきます。

第2章でお話したように、これからの子どもたちに求められるのは、**「知っている」「わかっている」に加えて、「使える」**ということです。国語でいうなら、言葉の力(母語としての日本語の知識・技能)を駆使して、何かを成し遂げる(perform)ことの経験です。知識・技能の反復による暗記ももちろん大事です。しかし、活用する場において、その知識・技能が生きるようにしたい。ただ単に漢字の練習を繰り返すのではなくて、実際に案内状や手紙を書く中で、必要となる言語知識を書く言語能力と関連づけて、**「使える力」として身につける**

テストでは高得点なのに、実際の場面では使えない、という姿をよくみかけますよね・・・

ことも大事だということです。

教科としての「指導」を視野に入れるとすれば、それはさらに意図的・系統的な色合いを持って「どんな力が必要か」を視点にデザインする必要が生じることは、教育のプロとして当然意識しなければなりません。つまり、**図1**に示すように、左側が子どもの**「めあて(魅力ある言語活動)」、右側が教師の「ねらい(育てたい・言語活動の中で発揮・伸長させたい力)」**です。魅力ある言語活動(2)のプロセスで、言語を運用するための話す・聞く・書く・読む能力(1)や言語に関わる知識について、思考(どう書けばいいか、どう話せばいいか)するのです。**言葉に関わる知識・技能を、実際に駆動する知識・技能に**するということです。(2)の例や(1)の具体的な内容については、学習指導要領に明記されていますので、単元をデザインする際には、そこから必要なものを選んで、**無理なく展開するように**プロセスに位

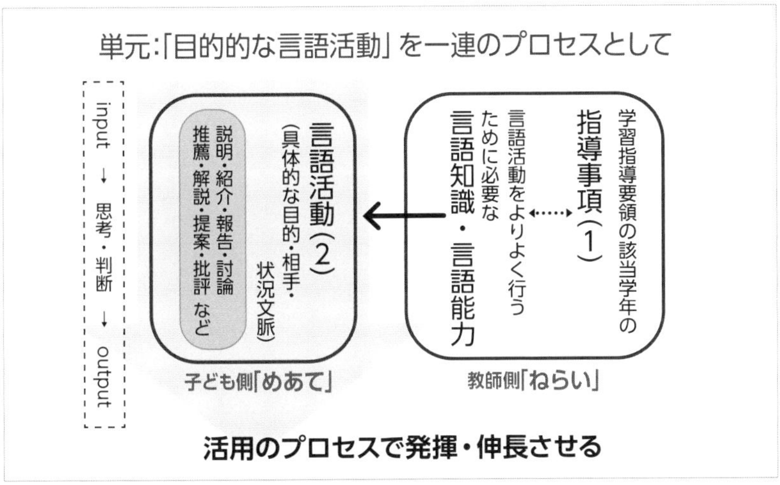

図1

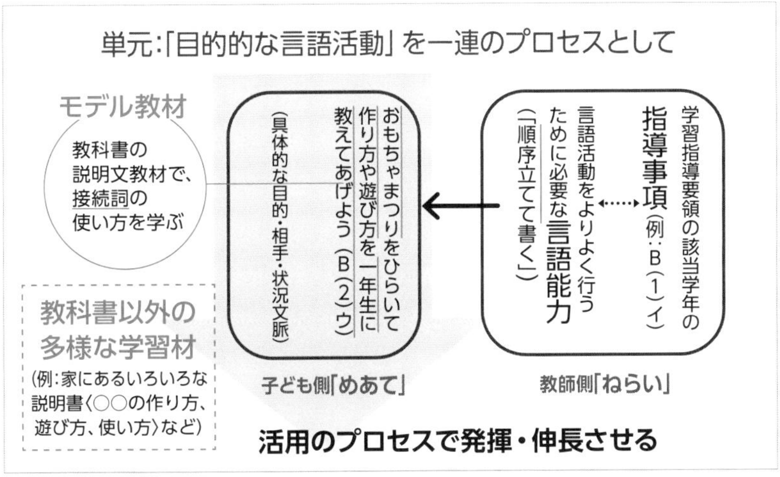

図2

「お母さん、今、本の帯作って、この本を紹介するんだよ!」は子ども側の活動の"めあて"。「人物の心情の変化を読み取る」はその活動における教師側の"ねらい"。主体的な学習として授業をデザインしようとするなら、前者に内包される後者であることが大切ですね。

(1)の位置づけは、あれもこれも全てを網羅するのではなく、特に大切なものをピックアップしよう!

モデルとする教材は、教科書だけでなく、実際に家にある説明書なども集めて見合うと、子どもたちはいろいろな工夫の存在に気づき、言語活動への意欲が高まりますよ。

ここも参考に
第3章⑤

置づけていきましょう。

例えば、図２の2年単元「おもちゃまつりをひらいて作り方や遊び方を1年生に教えてあげよう」でも、「じゃあ、みんなの好きな、けん玉や輪ゴムでっぽうの作り方や遊び方をしっかり（ちゃんと）教えてあげてね」とだけ言って放任したままなら、それは“楽しい”遊びに終始してしまいます。この時に、タイミングを見計らって「順序という論理」の存在を子どもたちに気づかせる。例えばそれは、試しに友だち同士でやってみて「なかなかうまく伝わらないなあ」と**停滞する時がチャンス**です。どう話せば（書けば）、聞いている人が「ぼくも遊んでみたい！このおもちゃなら私にも作れそうだ！」と思えるかをみんなで**思考・判断する１時間が必然として位置づく**ことになります。説明の組み立て方を説明するには「順序」が大切なんだということに焦点をあてて、教科書の説明文で学んだ、「はじめに、次に、そして」の存在を生かしてみる。他にも「自分は順序の言葉を知っている、使ったことあるよ」、と交流し合えば、なお言語活動は豊かに広がるでしょう。このようにして、子どもたちは書くこと(1)イを“教わる”のではなく、“知らず知らず”**主体的に獲得して**いくのです。

子どもたちがうまくいかない局面で、「順序」のあり方に着目することでその良さに気づくことがベター。

また、先日、「要約する」という活動を公開した授業がありました。「要約」は子どもたちにとってしんどいものです。何の目的も文脈もない中で「大切な言葉を段落から抜き出して短くまとめましょう」と言われても、子どもにはなぜ「要約」しなきゃならないのか、どうもその必要性が伴わないからです。そこで、**要約をする必要がある場**をデザインします。「わくわくする学び」とセットにするのです。例えば、「帯の中にこの本の内容を200字で書いてみよう」と持ち掛けてみます。「200字以上になったら、帯として手に取る人に伝わりにくくて望ましくない」ということが納得共感できれば、子どもたちは何とか200字にしてみようと**主体的に解決に向き合おう**とします。自分が紹介したい本ならなおさらです。わくわくしつつ、並走する教師のいざないに乗りながら力をつけていく姿がそこにはありました。子どもにとって魅力ある言語活動の場で、いつ、どのように国語科の力を発揮させるか、がデザインのポイントです。

「要約する」と同様、「要旨をまとめる」「主題を読み取る」も、必然性が伴わないと子どもたちにとってしんどい活動になりますよね・・・

いずれの場合も教師が、図２の右側の「ねらい」や「つけたい力」をしっかり意識していないと、図２の左側の活動が単なる遊びに終始してしまいます。**「楽しそうに活動しているけど、言葉について**

ここも参考に
第３章 ②

思考していない」ということは国語科として避けなければなりません。学習指導要領の該当学年の指導事項の(1)とは何かを理解し、「ねらい」として思考させる内容を意識していないと、子ども側の「めあて」のほうだけが前面に出て、活動に這い回ることになりかねません。かと言って、教師側の「ねらい」が強く前面に出すぎると、必然性のない活動となってしまいます。子ども側から言えば、「どう読めば、どう書けば、本の帯がより良くなるだろうか」を考えながら日々の学習が進んでいくことになります。その際、**傍《かたわ》らに言葉についての思考に適宜いざなってくれる先生が並走してくれているからこそ、安心して腰を据えて言語活動に“学び浸る”**ことができるのです。

実は、こうした子どもたちの興味・関心、生活から単元をつくる学習は、戦後直後に大変盛んに行われました。当時の単元学習です。その頃はまだ自己学習力など、さまざまな学力についての存在や育成はあまり言われなかった時代です。だから、生活に近い単元を実践し、一方で教科として身についたかどうかを、漢字や計算、読み書き計算中心のテストで測ろうとしました。すると、あまり芳しい点数ではありませんでした。当時の主体的な学習である単元学習は、「活動あって力つかず」「単元学習で力はつくのか」と批判を浴びることになりました。**“這い回る経験主義”と言われる主体的な学習の問題は、まさに子どもの主体的な学びを重視しようとした戦後初期(昭和20年代)に起きていた**のです。その結果、もっと系統的に、つけるべき学力を効率的に子どもたちに習得させるべきだという考え方への転換は、その後の高度成長下における教科書中心の「詰め込み教育」、そして「落ちこぼれ」の発生へと繋がっていきます。

子どもたちがわくわくする「主体的な学習」をデザインすることと同時に、そこでどんな国語の力を駆動させ、主体的な言葉の使い手として言葉の力を獲得・発揮させるのか、この2つの視野を持って「学びとしての単元をデザインする」ことが重要です。**教師は子どもの学びに並走しながら、子どもたちにとって価値ある「めあて」と、教師にとって大切な「ねらい」が交差する場面に、教師の出《で》場《ば》として焦点を**あてて思考する場を持ち込むのです。

指導要領では「話す・聞く」「書く」「読む」は、「思考力・判断力・表現力等」に位置づいています。「どうすればうまくいくか」を吟味・思考することこそ大切です！

大好きな信頼できる先生が自分たちと一緒に学び浸っていることが、子どもの主体性にいかに大切か、ということです！

ここも参考に
●第4章 p.106
●コラム⑩

個々の子どもが何にこだわり、つまずき、停滞しながら言語活動に向き合っているのか、そこにまなざしを向ける。それが並走するということです。

④ inputとoutputを乖離《かいり》させない

〈input→思考・判断→output〉の一連の言語活動のプロセスは、最終的には表現する活動に連接するものであり、**「表現にひらく」**単元となります。しかし、指導案を拝見すると、以下の図３のような展開をよく見かけます。

指導案の紙面上では目的的な言語活動を位置づけた単元構成になっているものの、第2次は、何のために読むのかという意識はなく、「先生に言われるから教科書を読む」、「言われるままに問われたことを読む」というものです。教師が望む“読みどころ”を“正しく”読むことに専念することを強いられる、長い長い精読の時間が続く展開です。そしてやっと第2次が終わった途端、先生から提案がなされます。「では、これまで読んできたことを“生かして”、自分が好きな本を紹介してみましょう」。

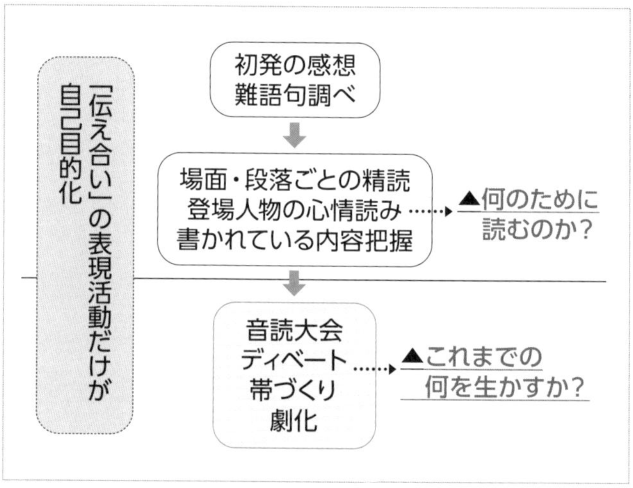

図3 精読＋表現活動で疲弊

子どもたちにしてみれば、まさか最後に自分の選んだ本を紹介することになるなど思ってもいない、寝耳に水の話です。「何のために読むのか」など考えてもいない第2次だったのですから、第3次の「これまでの何を生かすか」で戸惑うわけです。とにかく「一生懸命」（たくさん・丁寧に）書こうとします。あるいは、「何を、どう読んだらいいのか」を知るためにもう一度教科書教材を全員で読み直そうとすることもあるでしょう。結果的に膨大な時間数と**「言葉の力をうまく活用できた」という実感のない疲弊した時間**となるのです。これはいわば、第2次と第3次、inputとoutputが子どもの意識の中で分断された状況で図3のようにデザインされているということです。

もう一つ、例えば【第1次：1年生が楽しくなる昔話の紹介カードをプレゼントすること（の価値・良さ）を共有する】【第3次：これまで学んだことを生かして1年生が楽しくなる紹介カードを書く】の間

「表現にひらく」単元の規模、言語活動の豪華さ等、年間カリキュラムの視野から教科書の単元配列を把握しよう。きちんと読み方（inputの仕方）を学ぶことに焦点化した領域単元も大切ですよ。

に挟まれた第2次で、「場面ごとに書かれている内容の精読」が行われるものです。このような授業では多くの場合、第2次の本時だけを参観しても単元の目的や探究過程との関係は感じられず、従前の一教材の精読の本時の授業が、目的に向けた探究プロセスと切り離して行われています。指導案上では「目的に応じて読む・書く」単元が構成されているのですが、第2次で「内容を正しく詳細に読む」ための思考・判断は、目的である「1年生」「楽しくなる」「紹介する」ことに連動するものではなく、“自由な”表現活動に放任したり、第3次で再登場した「目的」に照らして文章を一から読み直すことが必要となって、かえって多くの時間数を費やしたりすることになってしまいます。

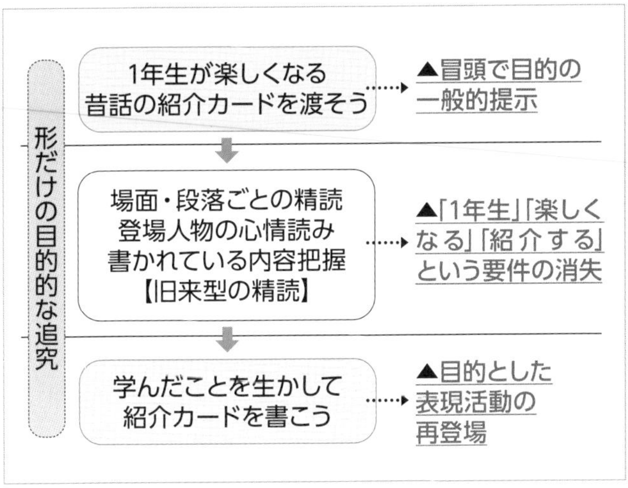

図4 目的と分離された読解指導

これらは、いわば、**「思考・判断」してきたことと「表現」とが乖離**する単元です。このような場合、帯や紹介カード、紙芝居、リーフレット等の最終的な表現成果物に対して、“漠然とした”印象評価になる恐れがあります。「何を思考・判断してきた結果としての表現か」が子どもにも教師にも明確に自覚されていないからです。これを乗り越えるためには、目的となる言語活動をうまく遂行するためにどう言語運用したら良いかについて思考・判断する時間を、単元のプロセスの中に位置づけ、それを本時のめあてとして自覚させることが大切です。**目的に向けた見通しや現在の自分の学びの状況を自覚させることは、「主体的に学習に取り組む態度」に関係する自己調整の力を培う**ことになります。

このような事例は、単元の流れが分断せずに子どもにとってひと連なりの追究活動になっているかということに関係します。1時間ごとのミクロの視点で学びをみとり、その意

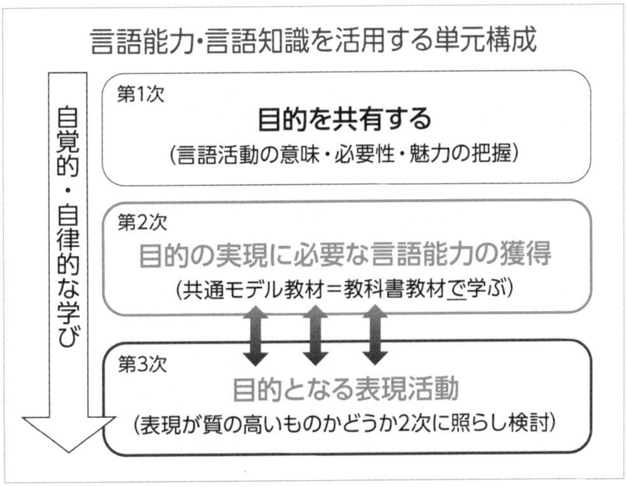

図5 各次が連動するデザインに

味を丁寧に詳細に捉えるとともに、その1時間が単元の流れの中でどのような意味を持つ1時間なのか、また、その1時間における学びは子どもにどのような「価値」としてメタ思考されて自覚化されるべきなのか、そして、その1時間の学びで得た「価値」は子ども自身の追究活動においてどのように活用されていくのか等を、マクロの視点（図5）からもみとり、俯瞰することが教師に求められることになります。

このように、**各次・各時間の学びが子どもにとって分断・分離しないよう、子どもの姿に並走しながら目を配り働きかけていく**ことが大切です。例えば、単元（ひと連なりの言語活動）の目的の実現に向けて、学習過程で大切になる「自覚（メタ）すべきこと」はどんなことかについて、**明示的に話題化**していくのです。さらに、第1次で自覚化すること、第2次で自覚化すること、第3次で自覚化することを、単元の節目で随時話題化しながら、**目的に向けた本時の位置や学びの価値について、子ども同士・子どもと教師との間で共有**しましょう。主体的な学習における「本時」の意味の自覚は、教師だけでなく子どもからの視座が不可欠だからです。

本時のめあては、【単元全体で目指すこと】と【その中で本時取り組むべきこと】の構造で、意識させよう。

ここも参考に
第4章 p.106

本時のわかりや気づきが、単元の目的遂行に有用であることを子どもに意識させることがポイント！学びに並走しながらメタ化を促そう。

⑤ 思考・判断してきた結果としての表現

―言語運用の「質」を高めていくプロセスに―

表現の「質」を高めていくプロセスとして逆向きにデザイン

本書で皆さんと共有したい大切な点は、主体的学習とは、ただ“活発に”活動させることではないということです。「思考」を伴う活動、つまり、子ども自身が目的の遂行や状況をより良くするために、もっと「○○のためには、どう書けば、どう読めば、どう話せば」の**自覚的な吟味を伴う“学び”を経て賢くなる学習活動**です。

ここも参考に
第4章 p.116

このような主体的な学習の場としての単元を教室で実現しようとするならば、**活動計画と評価計画を並走させて単元プロセスをデザインする**ことが重要です。そして、その際、**「過程の評価」**と**「結果の評価」**という視点が大切になります。この2つの視点から、**学習者である子どもが参入する、子ども自身の学習のための評価**のあり方を考えてみるのです。これら二つの評価の視点は、目的として共有している**言語活動の「質」を他者と共にどう高めていくのか**（過程の評価）、また、「質」を高めていった**結果としての表現を互いにどう見るのか**（結果の評価）、という言語運用のありようを自己調整する活動につながるものです。より良くあろうとする吟味の必要性も感じないまま“自由に”表現することが主体的な学習ではないでしょう。今、私たちが育てるべきは、目的に向けて必要な条件の存在と思考を往復させながら、どうすれば良いかを粘り強く検討していく、そのような**思慮深く、自己調整的で内省的な思考を伴う「主体性」**なのです。

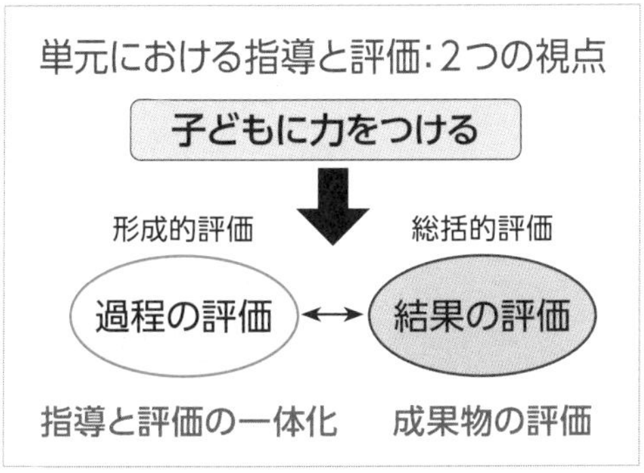

図6 評価を視座に単元デザインを

本時でも単元の視野を持ち込むことは大切。今の自分の位置、今日の学習の単元での意味を言語化させる振り返りを目指そう。

ここも参考に
第4章 p.105

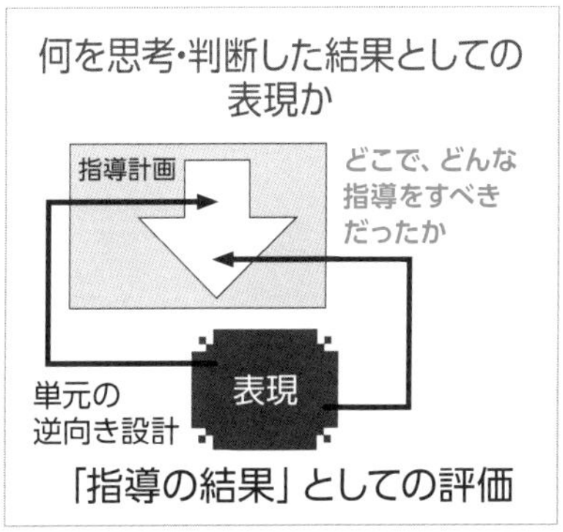

とりわけ、単元デザインの段階では、「結果の評価」は、最終的な言語活動のパフォーマンス（説明する・紹介する・

推薦する・案内する・評価するetc.)のイメージを暫定的に持つことが大切です。言語能力・言語知識を総合的に発揮して遂行する課題(パフォーマンス課題)の表現の質をどう捉えるのかを想定することは、**そのパフォーマンス遂行に必要な言語知識・言語能力は何なのか、その獲得・思考を、単元プロセスのいつさせるのか、という単元展開をデザインすることと連動**します。

言い換えれば、言語運用の仕方について思考・判断する授業(どう読めば・どう書けば目的を実現できるか)を視野に入れたデザインは、単元プロセスの活動が「何のための学びか」が見えない自己目的化した活動に陥ったり、最終的に誰かに何かを紹介・推薦する等の言語活動とそこに至るまでのプロセスとが乖離したりしないためには不可欠といえます。つまり、**「結果の評価」を視野に入れることによって、「過程の評価」とそれに連動する過程の指導内容がある程度定まる**ことになります。

単元のプロセスで思考・判断してきたことが総合的に発揮されている最終の表現として質をみとるのです。

この点は例えば、子どもの学びと並走しながら、図7のような**ルーブリックで「何がどの程度できたらいいか」を子どもと共有する展開として学習活動に活用することが可能です**。ルーブリックとは、「パフォーマンスの成功の度合いを示す数段階程度の尺度と、その尺度に見られるパフォーマンスの特徴を示す記述語からなる基準表」のことで、**言語活動の「質」(正誤ではなく程度や具合)をどう捉えるか、ということを明示・共有**するものです。ルーブリックを教師側だけで作成し、子ども側には隠蔽した値踏みの道具として使うのではなく、子どもたち自身が**ルーブリックを自分たちの学習のために教師の力を借りながら創り出していく**のです。

ルーブリックで「質」について思考

パフォーマンスの成功の度合いを示す数段階程度の尺度と、その尺度に見られるパフォーマンスの特徴を示す記述語(descriptor)からなる基準表

	着眼点① 例:構成の仕方	着眼点② 例:事例のあげ方
レベル3		
レベル2		★
レベル1		
単元のプロセスで吟味する時間		第2次　3、4時間目

図7　程度や具合を子どもと共有するツールとして

いわば「子どもルーブリック」です。評価を自分の学習活動の中で活用するものとして取り込むということです。単元の節目で、自分たちの言語活動の質を決めるポイントを見出していきます。

本時に協働で「質」の差異を吟味し、そのポイントを共有していく

大切なことは、言語運用の仕方(目的に向けてどう読めば・書けば・話せばいいか)のポイントを、**教師側から一方的に提示・付与するのではなく、必要なものとして子どもたち自身が納得・合意しながら自分たちのツールとして共有・蓄積**させていくことです。中学年以上ならば、このように、「どうすれば良いか」を仲間と協働で考えながら、「質」を決める要件やそのレベル差を、**ルーブリックを共創す**

る展開として行うことも可能です。

例えば、図7では、「～～で表現しよう」という目的をよりよく遂行するためには「①構成の仕方」と「②事例のあげ方」のあり方に着眼する必要があることを協働で見出していきます。そして、単元のプロセスで、例えば「②事例のあげ方」について話題(学習課題)として取り上げる時間を、明確に位置づけます。私は指導案上では暫定的にでもこの時間を明記することをおすすめします。子ども側から自然に話題になればそれで良し、出てこなければ**並走する教師からの働きかけ**として思考する「場」を提案するのです。これは、**「指導されていないことを評価される」ということが起きないため**に大切なことです。その時間は、「②事例のあげ方」について、どのような例をどうやって書けばいいのかについて、学習課題として位置づけ、「事例のあげ方」によって生じるレベル差を子どもたちが吟味し合う中で、ポイントを見出していきます(図7中の★印)。

ルーブリックを“詳細に”つくることが目的にならないように。終わってから教師側で判定するツールではなく、子どもの学びにそれが活かされるかどうかです。

「活動」を「能力の発揮の姿」として質をみとる

さて、このような「何を思考・判断した結果としての表現か」という逆向きの単元デザインと評価は、国語科のみならず、他教科・他領域のoutput型の学習でも留意する必要があります(**図8**)。言語表現のみならず、身体表現、造形表現など、さまざまな表現パフォーマンスの姿は、他の教科でも指導と評価の対象となるものです。これまでお話してきたように、大切なことは、その表現活動がそれまで吟味(思考・判断)してきたことと乖離しないことです。体育の跳び箱の単元ならば、単元プロセスで「助走」「踏切」「手の着き方」「着地」等の何に着目して開脚跳びの質を上げるか、そこで共有してきたポイントを総合的に発揮したパフォーマンスとして子どもたちに意識されることが大切です。大きな目的遂行のために仲間と協働で考え合ってきた〈新たなわかり〉を、表現活動の中で発揮することができるか、を教師も子どもも同じ視点から取り組み、そして、みとるのです。

活動を能力との関係で見る

- ❖体育科の跳び箱運動
- ❖音楽科のリコーダー演奏
- ❖図工の絵画作品
- ❖社会科の歴史新聞
- ❖生活科・理科の観察カード
- ❖家庭科の調理実習
- ❖英語科のスピーチなど

評価の
客観性
妥当性
信頼性
は
大丈夫か?

「何を思考・判断して
この活動の質を問うてきたか」

図8 印象の指導と評価に終始しない

曖昧な印象に終始する指導と評価では、思考力・判断力・表現力は育てることができません。**「どんな力がつく指導をしているか」と「力がついたかどうか見届ける」**ができてこそ、**評価の3原則「客観性」「妥当性」「信頼性」を保障**できるプロフェッショナルだといえます。

主体的な学習を通して「力がついたかどうか」を見届けることは、戦後の経験主義教育の繰り返しにならないためにとても大切です。

⑥ 子どもの実生活から教材を捉え直す

―言語生活とつながる対象として―

本書では、子どもたちが自律的に言語運用する力を発揮・伸長させる場が大切であると述べてきました。言い換えれば、子どもは、**主体的な「言葉の使い手」**であり、言語を使って思考し、言語を駆使して目的や状況に応じて表現したりコミュニケーションを取ったりしながら生きている**一人の言語生活者**であるといえます。では、子どもを言語生活者として言葉の力を鍛えるために、私たちは国語科授業で、どのような「教材」を準備すべきなのでしょうか。

私たち教師は、まずは手元にある教科書の「教材」を最大の手がかりに授業を構成しようとします。しかし、それは教えるべき内容を限られた時間内に**効率的に教えるために最適化したパッケージ**でまとめているものであり、時に、目の前の子どもの実際の言語生活や読書生活の実態のリアリティとは異なる場合があります。

子どもたちの身の回りにある言語環境に目を向けてみましょう。文字情報だけではなく記号情報、音声情報、映像情報が氾濫し、それらは、テレビ、ラジオ、新聞、雑誌、インターネット、SNS等の**さまざまなメディア**を通して膨大な量が子どもたちに降り注ぎます。従来まで扱ってきた**物語文や説明文等の文章で表された「連続型テキスト」**だけではなく、**図表や地図、写真等の「非連続型テキスト」**も国語科の教材として視野に入れるべきであることは言うまでもありません。増永（2022）は、定額制動画配信や動画投稿系SNSの視聴を通して世の中を知ったり、自己の価値観を形成したりしている子どもたちに、**実際の言語生活を見据えた学習を展開するには教科書教材だけでは限界**がある点を指摘し、動画テキストを学習に持ち込むべきであると主張しています。かつて私も神戸大学附属住

学習の対象となるテキストの多様性

◎連続型テキスト
・物語　・解説　・記録　など

◎非連続型テキスト
・図、グラフ　・表、マトリックス　・写真
・地図　・宣伝、広告　・証明書　など

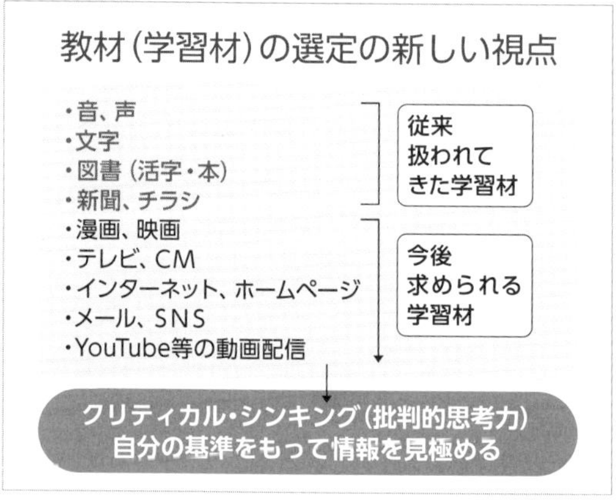

吉小学校で、国語科における「話すこと・聞くこと」「書くこと」「読むこと」の3領域に加えて、「見ること」を指導の領域の試案作成に取り組み、映像情報としてのテレビCMを教材とした実践化を試みました。子どもたちの身近にあふれるCMは、映像（動画）テキスト、文字テキスト、音声テキストによって構成された情報を読みとる価値ある学習材であると考えたからです。

現代では「映像を読む」という読解も視野に入れるべきではないでしょうか。

このように、言語生活を行う主体としての子どもが、**自らの実生活の中にある「言語」の存在に目を向け、自らの言語生活のあり方を問い直すきっかけとなる「材」**のあり方に、教師が絶えず目を向けておくことが大切です。子どもの言語生活の実際・実態をみとり、子どもたち自身が現実感・必要感をもって学習対象とする「材」を開発するのです。桑原（1998）は、国語教育において「主体の言語生活に源をおいた**教材化研究**」を大いに行っていくべきであると述べています。そこでは、必ずしも作品としての価値や言語文化としての独自の価値は備えていないが、国語教育のためにその機能を発揮してくるような「機能的・実態的教材」（新聞、雑誌、広告、本の帯、案内、図書目録）や、教師自身の話し言葉や新着図書の紹介、掲示等の人的・物的な「言語環境的教材」は「教材」の宝庫であり、鮮度の高い魅力的な手作り教材を探ることを推奨しています。

日頃から、教師も生活の中の言語素材に目を向けておこう。きっと「これは子どもが興味をひくぞ！」と思うものがあるはずです。

まず、子どもたちと生活を共にしながら成長を支援していくジェネラリストとしての専門家である教師だからこそ、子どもの日常生活の実態をみとり、**子どもの実生活との接面を意識して「教材」を**考えてみましょう（右図㋐）。例えば、卒業式の呼びかけの言葉、校歌の歌詞、運動会や音楽会での演技・演奏紹介、お昼の放送の献立紹介や委員会活動からのポスターによるメッセージ等、学校生活には国語科として主体的な追究の場にいざなう契機となる対象がたくさんあります。そして、その「教材」に対する意識、理解の状態、興味・関心、期待や不安等、そこでの**言語の存在を子どもたちがどのように捉えようとしているかの接面を意識して展開を**考えてみましょう（右図㋑）。子どもたちが普段意識していない言語の存在に目を向け、その「材」を起点に、自らの言語の運用のありよう・読書のありようを問い直す場へ、教師が導いてやるのです。

教室の学びの場－2つの接面への着目

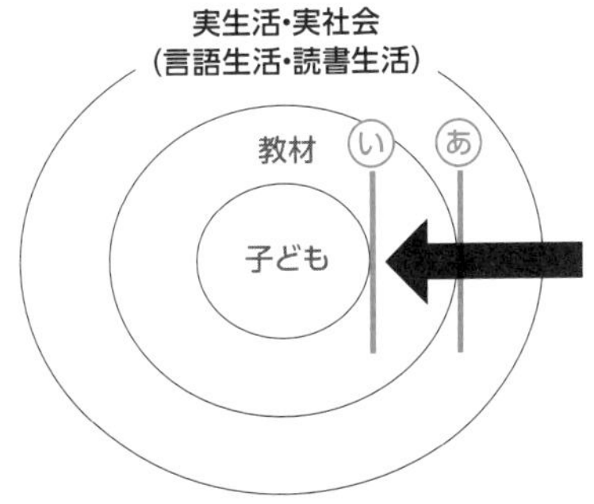

⑦ 複数のテキストの関係づけ

―“読書”への多様なアクセスの仕方を学ぶ―

教室で子どもたちに、一つの文章を細切れに分割して詳細に読ませ、その「読解」が終わった途端、「はい、では図書室で好きな本を読んでいいですよ」などと言っていませんか？精読のご褒美として与えられる読書。読ませっぱなしの週一の図書の時間。「読解」はよくできてテストで高得点は取れるけれど、「読書」なんて嫌い、という子どもを育てていませんか。

子どもが本を読むという行為をさらに日常生活の中で考えてみれば、**日常の豊かな読書生活に繋がるような授業を教室で行ってきたかどうかについては問い直しが必要**です。教室での学びが、さらなる自分の次の読書への興味を喚起するような展開、逆に、図書室での読書から誘発された作品へのまなざしの向け方。このような**「教室での読解」と「日常での読書」との連動性・連結性**は、「読む」という行為が本当に子どもたちにとって意義あるものとして意識される点でとても大切なことではないかと思います。

家の自分の本棚から始まる授業、自分の本棚へ還っていく授業、子どもたちと語らいながら、してみませんか？

例えば、**複数の文章を関係づけて、一つの文章だけでは見えないものを読む**。そこには子どもたちが**読書生活にアクセスするための「気づき」**があるように思います。「複数の文章を関係づける」といってもさまざまな形が考えられます。「同じ作者の異なる作品」を関係づけて（比べたり重ねたりして）読むことで、その作者の作風や、作者が作品の底流に込めた願いの存在に気づくことができるでしょう。「SFやファンタジーなど同じジャンルの作品」を関係づけて読むことで、そのジャンルの特質や面白さのありかが焦点化されるでしょう。他にも、「登場人物の性格や特徴」「国や地域の作品の特徴」「クライマックス」「《平和》《家族愛》《命》等のテーマが同じ本」「『虫』を素材にした書物」など、「作者」「ジャンル」「テーマ」「時代」「地域」「展開」「素材」等、**複数の文章を比較・相対化して評価する読み**は、子どもが

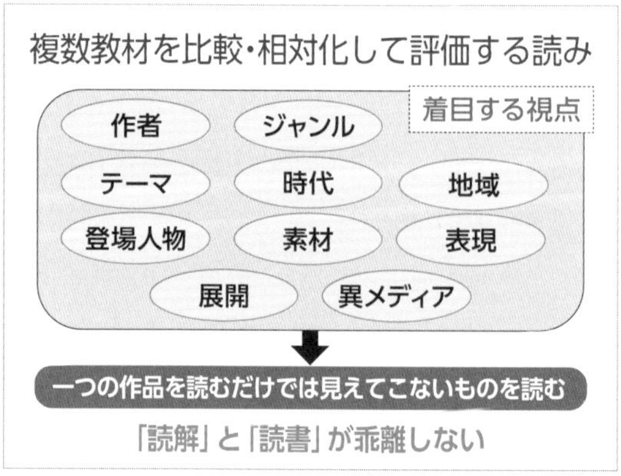

それまでの自身の読書のありよう、本とのアクセスの仕方を振り返り、新たな気づきを得る機会になるでしょう。

文学作品だけではなく、論説文においても、一つの文章を詳細に読み解くだけではなく、同じ筆者の複数の文章を読んだり、論説文とインタビュー記事、雑誌記事とを関係づけて読んだりする授業は、日常の読書生活にひらく経験となるものでしょう。原作の文章と映画、同じ事実に対する新聞、テレビ、ネットなど複数のメディアの情報等、ある目的を遂行するために**テキストの種類・形式の異なるものを関係づける**ということも、「読む」という行為として学校教育の学びの視野に入れておくべきではないでしょうか。

もちろん、例えば一つの文学作品を読むという行為は、その作品世界に描かれている虚構の世界に生きるさまざまな人物との出会いの場であり、浜本(1996)が述べるように、「自己と異なる生を生きることによって、これまでの自己との矛盾葛藤を生じたり、これまでの生を洗い流すような再生の体験をしたりすること」です。一つの文学作品との出合いは、子どもにとって、「文学作品を読みつつ新しい世界(人間観)に分け入っていく」というかけがえのない経験であることは言うまでもありません。時代を超えた名作には、そこに描かれている作品世界に読者の心震えるものがあるということです。しかし、それを教師が固定し硬直化した「主題読み」に収斂させるような読解授業に終始しているようでは、**一人の主体的な読者として、自立した読書人としての成長**は望めないでしょう。

子どもたちの読書生活を豊かにするためには、読書の「量」を増やすための取り組みだけではなく、授業のあり方と連動させて子どもの**読書の「質」を向上**させることが大切です。自分の家の本棚から始まっていく授業、自分たちの教室の学級文庫の実態改善を考え合う授業、図書室の中で展開するような授業、校外の図書館や地域の書店と連携・連動するような授業・・・、本が身近にあり、本に触れて、本を生かし、**「読書」という行為を自分の豊潤な人生に取り込んでいく経験の場**に、子どもたちをいざないましょう。まずは年間の国語科のカリキュラムにある多様な「読む」機会のありよう、子どもたちの学校生活、日常生活の中にあるさまざまな「本に触れる」「読書する」という機会の存在に目を向けてください。「読書」が「読解」を内包する単元デザインに挑戦しましょう。

国語科としての学力をどう育てるかということを超えて、子どもが名作と出合うという経験は、それ自体が新しい人間観に出合う価値ある場ですね。

本を読む「量」を競うだけではなく、なぜその本を選んだのか、なぜその本が自分には大切なのかという「質」も子どもに問うてみましょう。

あなたの町の本屋さんの魅力を思い返してください。配架や本棚の位置そのものが「文脈」になっていて、該当の本の周辺の本にも巡っていける魅力ある世界がそこにありました。長時間そこに居ることが苦にならなかったでしょう?

⑧ 思考の場の保障(1)

―言葉と言葉の関係性を問う―

学習指導要領では、国語科の教科らしい見方・考え方は、

> 自分の思いや考えを深めるため、対象と言葉、言葉と言葉の関係を、言葉の意味、働き、使い方等に着目して捉え、その関係性を問い直して意味づけること

とされています。例えば、自然科学として対象をみる理科、社会科学として対象をみる社会科に対して、**国語科は、自然や社会をどのような言葉で理解し表現するか、言葉そのものを対象として、言葉の運用の仕方をメタ化する教科**であるといえます。

また、ハヤカワ(1985)は、「いかなる語も決して全く同一の意味を二度ともつことはない」として、言語は使用する文脈がその意味を決定すると主張しています。つまり、「一語≠一義」ではなく、どの場面・状況で用いられるかによって言語の意味が変化するとしています。言い換えれば、**言葉が使われている状況や目的、内容や文脈の中で他の言葉と関係づいてこそ、その文脈上にふさわしい意味が生じるということです。言語を運用する力は、さまざまな状況下、文脈下で言葉を関係づけて理解したり表現したりすることで鍛えられていく**ものであるといえましょう。

しかしながら、教室で一つの物語文を読む授業では、部分の意味や部分の心情を読み取ることに終始して、場面の展開と結びつけて心情の変化を読み取ることをしない授業、人物と人物との関わりを読み取ることをせず、各人物を切り離して別々に性格や生き方を捉える授業など、**言葉と言葉の関係づけが欠如した読み**がまだまだ見受けられるのが実情でしょう。**個々の形象だけでなく、形象と形象の関係で解釈して、その関係がつくり出す意味を捉え直す指導**をしていかないと、言葉と言葉の関係性を問い直す授業になりません。子どもたちに関係づけて考える方法を授けてやってください。

物語文の場合、学習指導要領「読むこと」で示された内容は、低学

細かく詳細に内容を追っていく「精読」をさせなければ、子どもは読めないのだ、と思い込んでいませんか。

一編の教材文を読み解く、読み味わうというのは、その文章に書かれている言葉と言葉の関係性を問う思考によって実現するものです。

年では「場面の様子や気持ちを想像」です。これは部分（場面）に書かれていることとそのことへの想像、自分の経験との関係づけです。中学年では「場面や心情の変化、登場人物の性格」です。ここでの心情の変化・移り変わりは、部分（場面）と部分（場面）との関係づけから変化変容、変化の底流に共通した特徴が見えてきます。高学年では「優れた叙述や描写（象徴・暗喩など）の解釈」です。象徴・暗喩の読み解きは、例えば、物語の中に登場する象徴的な事物が作品全体に持つ意味を推論するということです。部分と全体の関係に着目し、部分の持つ意味や価値性・テーマ性を全体から解釈するのです。**学年が進むにつれて、比較・理由づけから推論・価値化へと、より複雑な関係づけを行う**ことになります。「ごんぎつね」では、兵十にうたれてうなずくごんの気持ちを、他の場面のどんな出来事と関係づけて説明できるでしょうか。また、「大造じいさんとがん」では、残雪の飛来を待つ場面の「東の空が真っ赤に燃えて朝が来ました」の時の心情は、それまでの残雪とじいさんとの経緯を関係づけてどう読み解くことができるでしょうか。

名作は、作品の力で、子どもたちの読みを他の場面の出来事や文脈との関係づけに自然に促しをかけてくれるように思います。教師は物語のどの言葉とどの言葉を関係づけることで、作品が深く読み味わえるのか、教材研究しておこう。

このように物語文を読む際にも、学年によって関係づける思考のレベルが変わっていくのがおわかりでしょう。この関係づけのレベルを意識していれば、「とにかく細かく区切って詳細に読めば良いのだ」という誤った精読に終始する授業に陥ることはないでしょう。

さて、ここで特に留意したいのは、教師は、授業の具体的な場面で**「思考の仕方を教える」「学び方を教える」**ということです。「しっかり考えなさい」ではなく、**「どう考えればしっかり考えることができるのか」を教える**、ということです。そしてそれは、自分の考えを創るひとり学びの段階から示してやることが大切です。「がんばって自分も考えを書きましょう」などといくら連呼しても、子どもにはどうしようもできません。例えば、「理由をちゃんと書こう」ではなく、「ちゃんと」書くためには、自分の主張を裏付ける根拠（叙述や事実）に関係づけて理由を書かせるのです。「スイミーは強いと思います。それは『ぼくが目になろう』

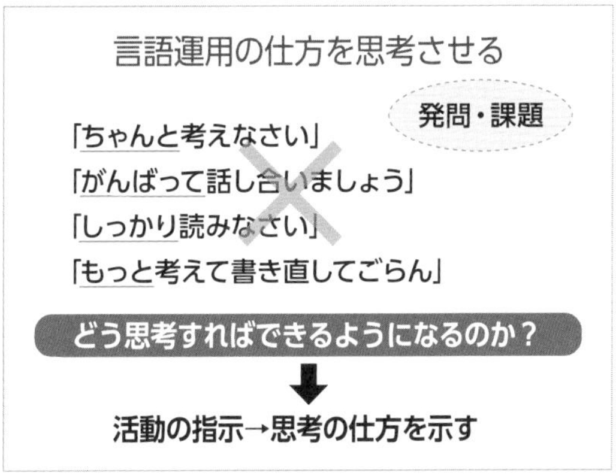

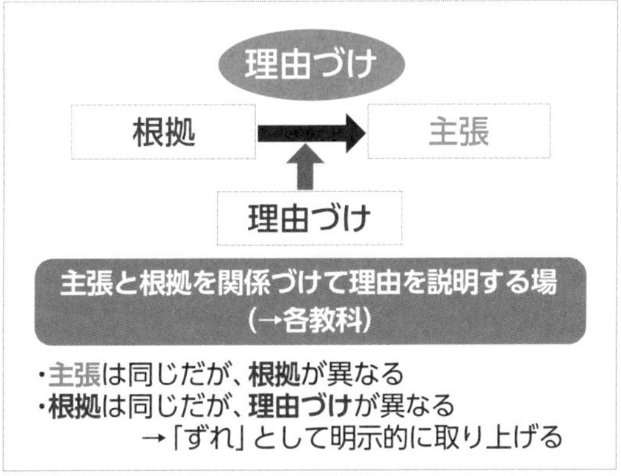

と言ったからです」では、十分な理由づけとは言えません。根拠が理由になってしまっているからです。理由づけを伴った筋道の通った考えの形成によって、「主張は同じだが、根拠が異なる」「根拠は同じだが、理由づけが異なる」等の**「ずれ」が顕在化**し、それを取り上げることで深まり合いの契機とすることができます。

他教科や他領域でも、「比べる」「理由づける」などの関係づける思考を使った経験を意識させたいところです。

また、子どもたちに課題を提示する際にも、そこで必要な**思考の仕方が子どもにイメージできるような配慮**が必要だと考えます。

例えば、「主題を読み取ろう」といわれても何をどう読み取れば主題が読み取れるのかわかりません。「海の命」に出てくる「クエ」が表しているものは何かを推論させるためには、いくつかのわかっていること（作品での事実、叙述）から、①どの事実を取り上げるか②そのうちいくつかの事実を関係づけて「価値・テーマ」としてどう解釈するか、の**二段階に分けた活動として先生は子どもたちを導く**ことになります。「『クエ』が表しているものは何か、さあ書いてみよう」では書けないのです。まず、事実を取り上げないといけない。となると、**教師が子どもにどのような関係づける思考をさせたいのか意識**しないと、このような二段階での指導は難しいのではないでしょうか。「海の命」で「象徴を読み解く」ための思考の仕方がわかれば、子どもたちはその後の作品でも、象徴になる事物の作品での意味について自力で読み解く姿が期待できます。

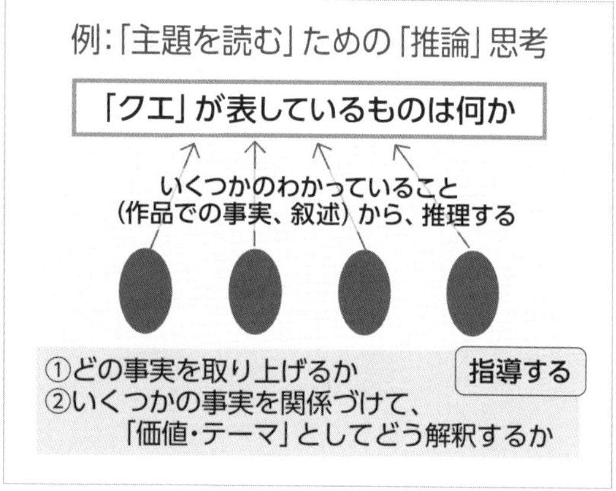

このように、**子どもに関係づけ方が見える学習課題・問いかけ**となるよう、少し目配りしてみましょう。「はしごしゃはどんな車だろう」ではなく、「○○と□□の車を比べて、違うところとそのわけを考えよう」と発問すれば、比較としてイメージがぐんとしやすくなります。「ごんの気持ちの移り変わりを読み取ろう」ではなく、「ごんの気持ちの変化を、いくつかの場面のごんの言動を比べて考えよう」と指示すれば変容を比較によって考えることがわかります。「この話の主題は何だろう」ではなく、「題名が『大造じいさん<u>と</u>がん』であることの理由を両者の関わり方から考えてみよう」と

【他教材でも】関係づけを促す言葉

×「どう思う？」 ○「何がどのように違うの？」	問題を見出す場面
×「なぜこのようになるの？」 ○「何がこのような違いを生じさせているの？」	解決のための見通しを考える場面
×「解決方法を考えよう」 ○「今まで学んだことを用いて解決する方法はない？」	解決方法を考える場面
×「どのような結果になりましたか？」 ○「予想した結果と（実験・調査）結果を比べてみよう」	結果を検討する場面

問えば関係づけの仕方が見えてきます。

グループ活動で議論する時も、集まって単に自分の考えを順に発表するのではなく、**高学年であれば、「論証型反論」で相手の主張を支える**関係づけ方について議論させてはどうでしょう。「あなたの主張で言うと、この根拠は弱いんじゃないの？」「この根拠で言えるのか？」ということを相手に問うのです。論証型反論をするためには、相手の言葉を受けたうえで返す「交流話線」が必要です。**対話活動では、話線がつながる場づくり**に留意をしないといけない。各自が筋道を通して創った考えを、相互に交流するという活動では、「ずれ」が生じた方が対話は活発になります。

関係づけ方が見える課題・発問に

比較・理由づけ
▲「はしごしゃはどんな車だろう」
→「○○と□□の車を比べて、違うところとそのわけを考えよう」

比較・理由づけ
▲「ごんの気持ちの移り変わりを読み取ろう」
→「ごんの気持ちの変化を、いくつかの場面のごんの言動を比べて考えよう」

推論・理由づけ
▲「この話の主題は何だろう」
→「題名が『大造じいさんとがん』であることの理由を両者の関わり方から考えてみよう」

活動内容の提示→思考の仕方（関係づけ方のヒント）の提示

グループ活動が単に発表だけの場にとどまっていては不十分です・・・

このように、国語科で重視される、言葉と言葉の関係性を問いながら読んだり書いたりする学習においては、**何と何を関係づけるのか、関係づけるとはどのように考えることなのか、それはどんな手順を踏んで考えると良いのか**、を授業での板書やワークシート、学習の手引き等の具体的レベルに落とし込み、関係づける思考を促すための名辞や働きかけを伴って子どもに提示してみましょう。ここでは、子どもが**自分で考えることができるように教師が方法や考え方を授け、導いて**やってほしいのです。

ここも参考に
- 第3章 ⑫
- コラム❽

これからの社会は、同質よりも異質な他者とのコミュニケーションが大事になってきます。自分の考えとは異なる他者と考えをすり合わせていかなければなりません。そこでは、**印象語や情緒語ではなく、筋道が通った説明や理解が必要**になります。そのためには、理由づけたり、比べたり、分類、類推したりする「関係づける」思考と、それを用いて確かに表現したり、理解したりするための言語力が不可欠です。主体的な学習の中に、多様な思考の仕方を言語化させる活動を位置づけ、子どもたちの言葉の力を鍛えましょう。

「関係づける」思考で対象を捉えることによって、新しい気づきが得られることを意識させよう。

コラム“そうだったのか”❻

通教科に働く“思考のすべ”

学習指導要領においては、各教科等の特質に応じた「見方・考え方」を明確にした「その教科として身につける学力」とともに、**全ての学習の基盤として教科等横断的に育まれ活用される「汎用的な資質・能力」の育成**も求められています。

この点については、次ページ表1に示す学習指導要領の告示に先立つ平成28年8月中教審「審議のまとめ」において、「各教科等の特質に応じた見方・考え方のイメージ」が教科ごとに一覧で示されており、そこでは、「(対象と言葉、言葉と言葉の)関係性を問い直して意味付けること」(国語科)、「事象同士を因果関係などで関連付けたりすること」(歴史)、「比較したり、関係付けたりするなどの科学的に探究する方法を用いて考えること」(理科)等、全ての教科等で、その教科の特質に迫るために「関係付ける」思考を駆使することの重要性が示されています。**言語が思考の道具であることから、全ての教科等の中で、「関係づける思考」をするための言語能力が、機能的な学力として焦点化される**ということです(表内の下線部が「関係づける思考」の必要性が問われている部分)。つまり、**各教科のねらいに迫るために、どの教科でも「関係づける思考」を伴うことが重要**であるということです。

例えば、「比較」は、国語科における登場人物の心情変化を複数の場面を比べて読み取る活動、社会科における複数の資料から読み取った情報を比べて共通点や相違点を見出す活動、理科における実験・観察の前後の量的・質的変化を比べる活動等、それぞれ、読み取ったり表現したりする言語活動を通して教科の目標に接近していきます。これらの「比較」の思考においては、**何と何とを比べるのか、何を視点に比べるのかを明確に**することが肝要です。視点を持った「比較」の思考は、「類別」へと繋がり、さらに類別した「理由づけ」の思考と連動していくでしょう。このような汎用性のある「関係づける思考」の重要性は、大学入試改革に向けた共通テスト(モデル問題)でも、実生活の問題解決の局面で図表等を含む複数のテキストを関係づけて統合・構造化する問題として取り上げられています。

このような教科横断的な学力の重要性については、国語科においてはこれまでにも指摘されてきました。浜本(1997)は、学校で育てる学力を、**各教科で育てる各教科固有の「基礎」学力と、全教科で育てる「基本」学力に分けて**主張し(図9)、特に後者では、分類・比較・類推・構造化等の認識に至る探究の過程に働く方法知としての〈認識諸能力〉が重要であると指摘しています。また、かつて西郷(1991)も、類比・対比・順序・原因・根拠・変換等の〈ものの見方・考え方〉としての

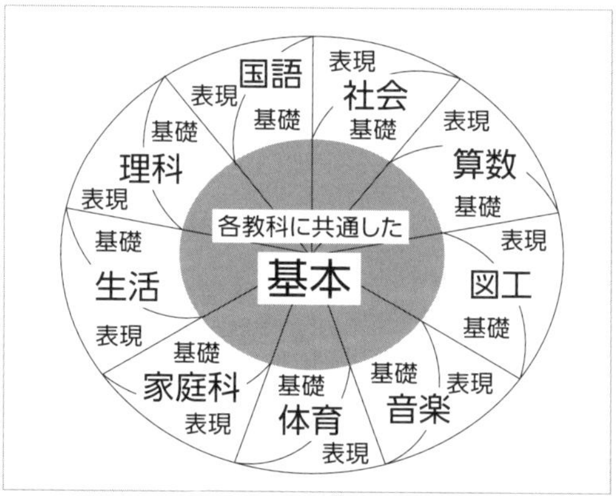

図9 学力の花びら構造(浜本、1997)

コラム"そうだったのか"❻

通教科に働く"思考のすべ"

表1 その教科らしい見方・考え方に内在する教科共通の能力(関係づける論理的思考)の存在

(H28.8.26 審議のまとめ「各教科等の特質に応じた見方・考え方のイメージ」に筆者下線加筆)

言葉による見方・考え方	自分の思いや考えを深めるため、対象と言葉、言葉と言葉の関係を、言葉の意味、働き、使い方等に着目して捉え、その関係性を問い直して意味付けること。
社会的事象の地理的な見方・考え方	社会的事象を、位置や空間的な広がりに着目して捉え、地域の環境条件や地域間の結び付きなどの地域という枠組みの中で、人間の営みと関連付けること。
社会的事象の歴史的な見方・考え方	社会的事象を、時期、推移などに着目して捉え、類似や差異などを明確にしたり、事象同士を因果関係などで関連付けたりすること。
現代社会の見方・考え方	社会的事象を、政治、法、経済などに関わる多様な視点(概念や理論など)に着目して捉え、よりよい社会の構築に向けて、課題解決のための選択・判断に資する概念や理論などと関連付けること。
数学的な見方・考え方	事象を、数量や図形及びそれらの関係などに着目して捉え、論理的、統合的・発展的に考えること。
理科の見方・考え方	自然の事物・現象を、質的・量的な関係や時間的・空間的な関係などの科学的な視点で捉え、比較したり、関係付けたりするなどの科学的に探究する方法を用いて考えること。
音楽的な見方・考え方	音楽に対する感性を働かせ、音や音楽を、音楽を形づくっている要素とその働きの視点で捉え、自己のイメージや感情、生活や社会、伝統や文化などと関連付けること。
造形的な見方・考え方	感性や想像力を働かせ、対象や事象を、造形的な視点で捉え、自分としての意味や価値をつくりだすこと。
体育の見方・考え方	運動やスポーツを、その価値や特性に着目して、楽しさや喜びとともに体力の向上に果たす役割の視点から捉え、自己の適性等に応じた『する・みる・支える・知る』の多様な関わり方と関連付けること。
保健の見方・考え方	個人及び社会生活における課題や情報を、健康や安全に関する原則や概念に着目して捉え、疾病等のリスクの軽減や生活の質の向上、健康を支える環境づくりと関連付けること。
技術の見方・考え方	生活や社会における事象を、技術との関わりの視点で捉え、社会からの要求、安全性、環境負荷や経済性等に着目して技術を最適化すること。
生活の営みに係る見方・考え方	家族や家庭、衣食住、消費や環境などに係る生活事象を、協力・協働、健康・快適・安全、生活文化の継承・創造、持続可能な社会の構築等の視点で捉え、よりよい生活を営むために工夫すること。
外国語によるコミュニケーションにおける見方・考え方	外国語で表現し伝え合うため、外国語やその背景にある文化を、社会や世界、他者との関わりに着目して捉え、目的・場面・状況等に応じて、情報や自分の考えなどを形成、整理、再構築すること。
道徳科における見方・考え方	様々な事象を道徳的諸価値をもとに自己との関わりで広い視野から多面的・多角的に捉え、自己の人間としての生き方について考えること。
探究的な見方・考え方	各教科等における見方・考え方を総合的に活用して、広範な事象を多様な角度から俯瞰して捉え、実社会や実生活の文脈や自己の生き方と関連付けて問い続けること。
集団や社会の形成者としての見方・考え方	各教科等における見方・考え方を総合的に活用して、集団や社会における問題を捉え、よりよい人間関係の形成、よりよい集団生活の構築や社会への参画及び自己の実現と関連付けること。

※中学校の教科のイメージ

コラム“そうだったのか”❻

通教科に働く“思考のすべ”

認識方法の重要性に言及しています。

国語科においては、「想像したことを書く」「想像を広げながら読む」「自分の考えをまとめる」「自分の考えを広げたり深めたりする」等の拡散的思考、創造的思考も求められる教科です。しかし、それらは決して**「適当な思いつき」の「根拠のない」ものではなく、叙述や経験を根拠にした読解や表現として育てていくべきものであり、**「思いつき」の「楽しい」「印象に終始した」言語活動とは一線を画すものです。そこで、国語科で育成すべき「思考のすべ」として、例えば表2に示すような**「関係づける思考のすべ」**を意識してみましょう。

これらの「思考のすべ」は，それぞれが連動し、時に発展的に発揮されるものです。例えば、「分類」や「分析」は、「比較」という思考を行うことによって活性化し、「分類」や「分析」では「なぜそう考えたのか」について「理由づけ」する思考が活性化します。また、「推論」や「解釈」においては、「理由づけ」の思考が必然として伴うでしょう。そして**これらは、対象を論理的に理解するための汎用的な認識能力**であり、とりわけ言語の教育である国語科において鍛えておきたい「すべ」であると同時に、小学校でも中学校でも校種を問わず、あらゆる教育活動を通して、都道府県や市町村全体で意識して関連的・総合的・継続的に育成することが効果的です。

表2「関係づける」思考の具体例と思考を促す言語表現

思考	定義（思考の内容）	促す表現例
比較	複数の物事を「違いに着目して」「同じ所に着目して」比べて考える力	どちらが～でしょう。
類別	比較に基づく物事の多様な見方の中から、目的に合うものを選び、それを観点にいくつかの事象を他と区別したりまとめたりする力	～から見ると〇と□は同じ仲間です。
分析	ある物事を分解して、それを成立させている成分、要素、側面を明らかにする力	～はA、B、Cから成り立っています。
理由づけ	「物事の結果を引き起こした原因」「物事の判断をくだした理由」「連鎖や循環をなす因果関係」等の原因や理由を求める力	～と書かれているから、＝と思います。
推論	知っていることを基礎にして、知らないことやわからないことについての事実を、筋道を立てて推し測る力	〇と□だとすると、～ではないでしょうか。
解釈	ある物事について、そこに内包される意味や価値について説明し直す力	これは～ということです。
具体化・一般化	ある物事を、別の物事においても成立することができるように概念化したり、ある概念に該当する具体的な物事を提示したりする力	これは例えば～です。これらの例から＝といえます。
評価・批判	対象について一定の評価を与えるために、その対象の価値、能力、正当性、妥当性等について吟味・検討する力	〇は□のほうがよい。理由は＝だからです。

⑨ 思考の場の保障(2)

―テキスト変換による思考・判断―

「input→思考・判断→output」の単元プロセスでは、「テキスト変換」が行われます。それは、従来の「文章の内容を正しく読む」「心情を詳細に読む」という作品世界や叙述内容に「読み浸る」読みとは異なり、**具体的な目的や状況に応じて自分の考えを表現したり、そのために必要な情報を取り出したりしながらテキストを読み解く**もので、読む、聞く、見る、体験する等のinputと、話す、書く等のoutputが連接するプロセスとしてデザインされます。

「図鑑で調べたことを表にまとめる」「物語を読んで帯にする」というと、元のテキストと大きく形が変わっています。これを**「テキスト変換する」**と言います。「～が書かれた～を、〇〇〇するために～に書き直す」というのは、**一連のプロセスの中で元テキストを異なる形式・内容に変換する**ということです。物語文を、あらすじ、推薦、キャッチコピー、書評、脚本にする、説明文を表、新聞、報告書、事例やグラフを含めた発表原稿に、案内文を放送原稿やガイドブックにするなど、さまざまなテキスト変換の活動が考えられます。

第2次の学び(思考・判断したこと)を
第3次(表現)へつなぐ

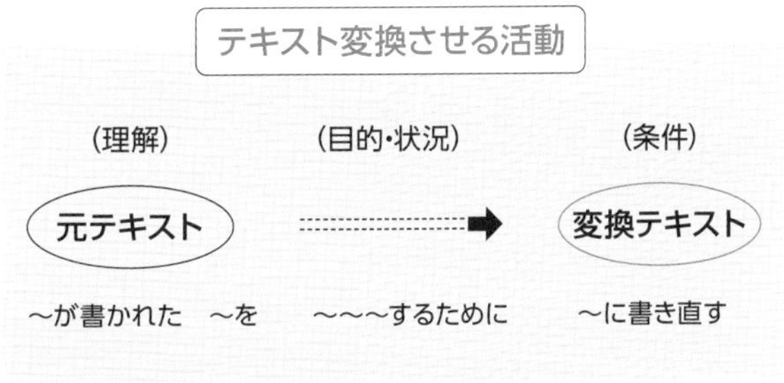

国語科だけではなく、他の教育活動でも可能
inputからoutputまでのプロセス
(「書く」ことだけで考えない)

元テキストを理解し、**目的・状況に応じてテキスト変換させる活動は国語科に限らず、他の教科でもデザイン**することができます。実験したことをレポートにする、家庭科で取り組んだことをレシピにする、鑑賞したことを踏まえた画集にする、inputしたものをテキスト変換して映像に再構成することなども考えられます。

一連の目的的な追究過程で、複数の条件を満たした情報を取り出して変換テキストに**書き変える(リライトする)活動は、目的や状況場面に必要な条件として何が選択されどのように再構成されるべき**

テキスト変換の直前の授業が重要です。是非この場面のあり方について授業研究を！

かという論理的なメタ思考と結びついて行われます。ですから、テキスト変換する授業は、**outputの活動単独で考えるのではなく、inputの段階からoutputを視野に入れて考えていく**ことが大切です。

近年言われるところの“読解力”とは、ただ「正しく読む」だけではなく、読み取ったことに関わる表現活動とセットで語られます。いわば**「表現とセットになった読解」**だと言えましょう。我が国の子どもたちが国際学力調査で“弱い”と指摘されている“読解力”はこのことになります。

目的や意図に応じて書く〈テキスト変換〉

- 物語を**あらすじ・推薦・キャッチコピー・書評**に
- 物語を**脚本**に
- 説明文を**表・新聞・報告書**に
- 本やインタビューの情報を**意見文**に
- 複数のグラフを**発表原稿**に
- 案内文を**放送原稿**に

どんな状況下だから、何の目的・意図で、誰に、何を表現（書く・話す）するのか。その表現のためには、何に工夫・留意することが必要か。

必要となる【条件】（量的・形式的・内容的）**を共有・自覚**
（cf.条件を変化させる）

読んだことをあらすじや感想に変換するくらいならば、テキスト変換の距離は近く、比較的難易度は低いものになりますが、物語を書評に変換したり、論説文から読み取った筆者の主張をプレゼンテーションに変換したりする活動は、変換の形式が大きく、目的も変化することから、難易度が高いテキスト変換が必要になります。「これまで読んできたことを**生かして**書こう」「**よく考えて**書こう」ではなく、**テキスト変換の際に、何が必要か、inputしたことを、誰に、何のために、どのように変換する必要があるのかを明示的に話題化**し、思考・判断させる場として重視しましょう。

ここが「目的や意図に応じて表現する」という力を育てるためにポイントとなる点です。「しっかり考えて書こう」にとどまらないように！

テキスト変換においては「条件」への着目が重要です。子どもは、その条件を自覚し「なぜそう書くと（話すと）良いか」を思考します。このとき教師は、必要となる条件を子どもたちにクローズアップして明示的に指導するわけです。

変換に際しての「条件」には、**量的条件、質的条件**があります。

「条件」を単元の目的や場面の文脈にどう含み込ませるか、これが主体性を高め単元を推進する力となります。

量的条件とは、「200字にまとめよう」「三段落で書こう」「15分程度で口頭発表しよう」等、字数とか行数、段落数、枚数、時間制限などの条件です。対象となる記述の有無や正誤等、比較的確認しやすい（評価しやすい）条件だといえます。

質的条件とは、～が伝わるように、効果的に、目的・状況にふさわしい内容や書きぶりで、といった、量や正誤ではない条件です。どうすればより良くなるか、どうすれば程度を高めることができるかということを思考・判断することになります。**授業で学ぶ子どもた**

ちにとっては、この質的条件を話題にして考え合うことが、学習にリアリティを高めるものになるでしょう。例えば、「おじいちゃんに、『自分が元気でいることが伝わるように』『遠くに住むおじいちゃんが喜ぶように』書くには、どのような内容を、どのような構成で、どのようなエピソードを加えて書けばいいだろう。」を課題とすれば、おじいちゃんの具体的な状況や事情に即した内容や書きぶりが、検討されていくでしょう。そこで、書きぶりの効果や程度等、質的なレベル差を吟味し、その差を生み出す言葉の使い方が何かについて自覚共有することが大切になります。同時にそれは、**質をみとる評価になりますので、難易度が高い評価**ということになります。「たくさん」「きれいに」書いていても質が高いとは限りません。教育のプロとして、**子どもの活動や思考の「質」をみとる鑑識眼**が十二分に発揮される場面であるといえます。

「字数」「時間」のような量的条件と、「相手」「場面」「状況」のような質的条件、こうした「条件」の存在は、子どもたちが自由気ままに「説明のような」文を書くのではなく、どのような「書き方」をしていれば質の高い「説明」の文となるのか、目的実現の程度や具合を捉える視点として、主体的な学習の単元プロセスで**教師と子どもが共有する観点**になります。子どもたちにとっての魅力ある・切実な目的、状況、相手、内容、方法、配慮等を取り上げながら、それらを関係づけて「どうoutputすれば良いか」について思考させましょう。

テキスト変換における留意点

【条件の自覚】・・・「なぜこう書いたか」
“主体的に学習に取り組む態度”

量的要件・・・字数、行数、段落数、枚数、時間制限
正誤、有無

質的要件・・・～～が伝わるように、効果的に
目的・状況（推薦、案内、報告・・・）に
ふさわしい内容や書きぶりで

【テキスト変換の距離に注意】
テキストの種類、指定内容による段差
質的・量的条件が多く複雑なほど、変換距離が大きくなる

このように、inputからoutputの橋渡しとなる**「条件」に照らした思考の場が、子どもの主体的な追究のプロセスに必要なものとして取り込まれる**ことが大切です。主体的学習の単元を実践するにあたっては、従来の一つの教材を詳細に読み込む授業では行われなかったような視点からの準備が必要です。これらを曖昧にしたまま実践に移行することは、主体的な学習として機能させる戦略を持たないまま子ども側に「活動」を委ねるという、極めて危険な行為であることを肝に銘じたいところです。

本の帯作りやリーフレットづくりの「楽しい活動」だけに終始することのないよう、必ず「より良くするためにどうすればよいか」言葉の使い方について考え合う場を。

⑩ 思考の場の保障(3)

―交流後の次の一手「探索的な対話」を―

考えを出し合うだけでは深まらない

最近、「対話的な学び」といって、**自分の考えを発表・交流し合うだけの授業がとても多い**ように感じます。自分たちが実験したこと、自分たちが読んだ本の感想を班ごとに発表したり、個人で発表したりして終わり。こういう授業をよく目にします。

自分の考えを「発表し合う」といっても、聞いている(受信はしている)ように見えるだけで考えが深まらない、**「異論受信型」の授業**です。他者から異なる考えを聞くだけでは深まりません。**教師には何らかの「深める」関与**の想定準備が必要です。

自分の考えや班の考えを発表し、皆でそれを受けとめながら蓄積していく。これを**「累積的対話」**といいます。意見を出し合って、付け足しで考えを創り上げる共感的共同思考です。このような対話は、小学校２年生くらいまでに期待できる姿でしょう。しかし、出し合うだけの“考えの発表会”だけでは、深まらない。下手をすれば、ただ出し合って終わりです。

単なる発表会で終わらせずに、もう一手打つ。これが**「探索的対話」**です。探索的対話とは、**自己と互いの意見を対象化し、検討・調整(比較・統合・再構成)しながら合意形成を図る批判的共同思考**です。

意見を出し合う中で、ステージを上げる。「ねらい」に関してさらにその質

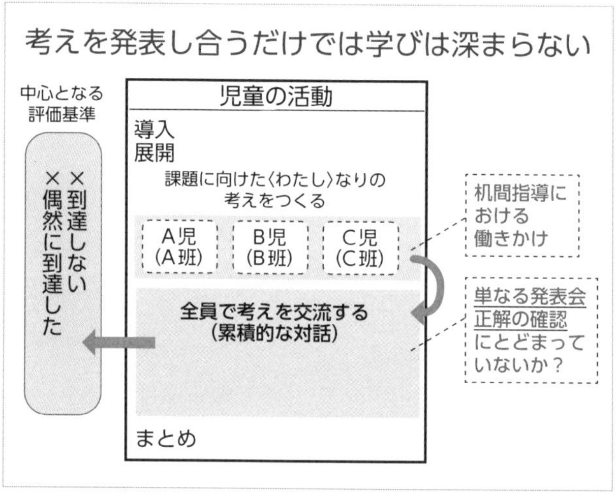

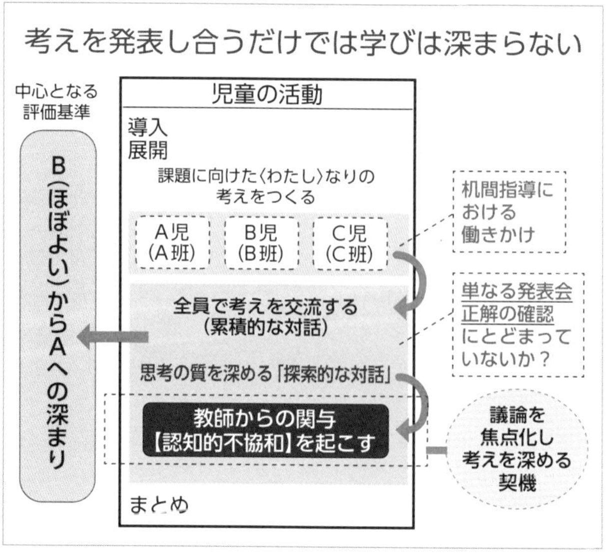

を高めていくということです。この感覚を持っていないと、対話、対話と言って出し合って終わり、という授業では深まりません。放っておいても深まらないから、先生が関与する。先生が議論を深めるためのチャンスをみとり、タイミングを見て、**授業の中で深まるためのステージ**をつくってやるのです。もちろん子ども同士で深まる場合もありますが、累積的対話で終始していることは決して「深い学び」へいざなっていることではないと思います。子どもが**「主体的に」考えを出し合えば深まるのではなく、教師が関与し、深まるためのきっかけをつくる**のです。

深め合い「縦糸と横糸」(オーケストレーティング)

「累積的対話」
→意見の出し合い、付け足しで考えを創り上げる共感的共同思考

「探索的対話」
→自己と互いの意見を対象化し、検討・調整(比較・統合・再構成)しながら合意形成を図る批判的共同思考

【縦糸をかける】…個々へのリボイス
個々の発言への意味づけ・価値づけ
【横糸をかける】…発言の相互関係への介入
自他の違いの意識化
異なる着眼・発想の客観的吟味

「縦糸」と「横糸」で学びを紡《つむ》ぐ― 教師の関与の必要性 ―

「～～だと思います」「〇〇だと思います」と懸命に自分の考えを表明する子どもに対して、「ふ～ん・・・他にありますか？」と返す先生を時々見かけます。先生が思っている正解が出ないと反応しないんですね。子どもの発話に対して、「着眼点がいいね」「〇〇の考えと繋がっているね」というように、意味・価値として子ども(個)に返してやることが大切です。これを**リボイシング(再声化)**といい、教師が教育を行う上で基本となる働きかけであるといえます。家庭でもリボイシングを豊かに受けている子どもは、自尊感情を高めながらさらに良くなろうとします。

いちばん簡単なリボイシングは「ほめる」ことです。**「ほめる」は「価値づける」という行為であり、すなわち「評価」すること**であるといえます。「ほめる」は最も即時的に行える評価であり、学校生活を共にする教師からのリボイスは、子どもにとってかけがえのないものだといえます。ただし、「ほめる」といっても、「すごいね」「すごいね」と連呼するのではなく、**「何がどう良かったのか・価値があるのか」として具体的に**返してやりましょう。また、「ほめる＝迎合」ではありません。価値づけるということならば、「叱る」も価値づけです。価値のありかに触れるように叱る。だから、あらためてうまくいったら、またほめてやりましょう。「叱る」には必ず価値づけ直すフォローがいります。

リボイシング
(revoicing)とは？

リボイシングとは、reにvoiceが加わってできた言葉。re(再)とvoice(声)でもともとは「再声化」「オウム返し」の意。教師から子どもに向けたリボイシングは、個々の発言への「意味づけ」「価値づけ」の役割をもつ。子どもが自分自身の言葉をリボイスすること、友だち同士でリボイスすることも協働的な学びには欠かせない。オコナー(1996)は議論の中のリボイシングを「組織化」「位置づけ」「関係づけ」の機能に分類し、議論を深める指導方略として論じている。

子どもの言動への意味づけ・価値づけは、プロの教師として必須の基本的力量です。子どもをよく理解しているからこそ、固有のリボイスが可能です。

このようなリボイシングは、授業においては、特に「累積的対話」の場面で、「教師－子ども」や「子ども－子ども」との関係の中で特徴的に展開される**「縦糸」**に当たるものだといえます。

【学び合い】における教師の関与

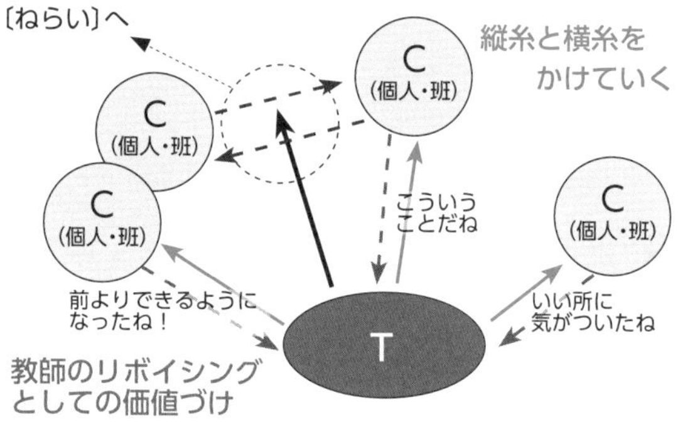

つながり・かかわりを生み出す、思考を紡いでいく

その後、考えの出し合いだけでは深まらない時には、教師の関与が必要です。リボイシングで縦糸をかけたら、今度は横糸をかけて深まる契機となる論点にいざないます。**縦糸と横糸で思考を紡いでいく**。これは授業づくりの基本中の基本であって、新卒の先生であっても意識して取り組むべき点です。とりわけ、教師は子どもとの相互作用の中で、子どもの発話を意味づけながら、授業における課題解決の方向づけ、**「探索的対話」へいざなう意図的な関与としてリボイシングを行う**ことが求められます。

縦糸・横糸をかけるリボイスは、教師の子どもをみとる力とセットです。

ここも参考に
第２章 p.26

それがなくて、考えの発表会のような様相で終始していても、深まらない。ただ出し合って終わりです。だから、子どもをみとり、適宜、教師が関与して**累積的対話から探索的対話へ**ステージを上げてほしいのです。「みんなにいろいろ発表してもらったけれど、ここに注目してみよう」と象徴的な一人を取り上げたり、複数の考えを比べたりして、自他の意見を対象化し、検討・調整（比較・統合・再調整）しながら新たな価値（わかり）を創出したり合意形成を図ったりする場です。私はここに**“深い学び”が生起する**と考えます。先ほどの子ども一人ひとりへのリボイシングを「縦糸」とすれば、探索的対話へいざなう糸口は、個々の子どもの考え方の共通点や相違点、つながりを関係づけながら、そこに協働で追究すべき論点があることを示唆する**「横糸」**をかける教師の関与です。

探索的対話へいざなう教師の「出場（でば）」を授業研で話題として取り上げましょう。出るべきところで出ていたか。深まりの契機をどう見出したか。

ここも参考に
コラム❼

ぜひ、本時の授業を構想する段階で、2つのステージを意識してみてください。そして、主体的な学びが教師の助けを借りながら教科としての「ねらい」に接近していくための、きっかけとなる教師の介入場面をいくつか想定しておきましょう。

⑪ 思考の場の保障(4)

—“ずれ”を深まりの契機に—

教室の主体的な学習の場では、着眼点や考え方の「ずれ」をチャンスにして、主体的な追究に深まりを与える契機としてほしいと思います。

「ずれ」と「くいちがい」は違います。「ずれ」を追究することによってつながりを深めていくのです。子どもたちの考えが違うよね、と取り上げながら、みんなでつながりを深めていく。「ずれ」というのは、対立しているようで、実は認め合っている。「ずれ」は深まり合っていくための一つの材料です。

授業のうまい先生は、ずれたことを面白がります。若い先生は、みんなが同じような経過を辿《たど》ることで安心する傾向が強いですね。先生が、子どもたちの「ずれ」=「深まるチャンス」があるのに、気づかなかったら終わりです。考えの「ずれ」を深まりのきっかけとして生かすためには、「ずれ」がみえないといけない。「ずれ」がみえる教師の力量、プロの教師のみる力のことを**「教育的鑑識眼」(Educational Connoisseurship)**(→第4章参照)と言います。つまり、子どもの姿の「意味」を捉える力量です。子どもが同じようなことを書いていても、その中の違いや意味を見分けることができる。「ずれ」がみえる先生です。

子どもの姿の意味を捉えることができる先生は、授業もうまいし、学級経営もうまい。それは、**「ずれ」がみえるからであり、「ずれ」を生かして集団を高めていく**からです。全く別に聞こえることを「本質的に同じことだ」と取り上げて、つなぐことができます。逆に、同じような表れであっても、**そこにある「ずれ」の存在に注目させて、その意味や価値に気づかせていく**。こういうことができる先生の学級はすごく伸びます。

異質な他者との「ずれ」

◆ 「ずれ」と「くいちがい」は異なる
×異なる意見の列挙だけ
認識の深まりの契機
「ずれ」:「対立」と「共通性」を含み込む

◆ 「ずれ」を通してつながる
×つながりを断念した多様性の理解
×単なる認め合い
→そこにある「ずれ」を追究することを
通してつながりを深めていく

着眼・考え方の「ずれ」→深まりの契機

「学級経営がうまい先生は、なぜ授業がうまいのか」

ー異質性を生かす教育ー

○どの子も生き生きする授業
…▲難易度を下げる→○学びの魅力を高める

○考えの「ずれ」をみとる
…学びや育ちの質を捉える鑑識眼

○多様な個性、興味、能力の子どもをつなぐ
…「できる子とできない子の発言を関連づける」

○「ずれ」を生かし、学び合いの心地良さを
…「認知的不協和」(あれ?どうして?)「新たな価値の発見」

能力が違ったり、「ずれ」が大きい意見を「実はこれは同じことを言っているぞ」と取り上げたりしながら、できない子とできる子がつながりながら共鳴していく。できる子もできない子も共に学び浸る場を提供するというのは、こういうところにポイントがあるのではないでしょうか。

また、「ずれ」を通して深まる授業を実現するためには、価値ある「ずれ」が生じていることに気づくことが必要です。例えば、机間指導では、「ずれ」の存在を見て回ります。**「ずれ」の見極め**です。子どもたちの考え方や着眼点にどのような「ずれ」が起きているかを捉える機会が机間指導です。机間を回りながら「みんな同じところにばかり線を引いているなぁ」というのもあるし、「着眼点が４種類にわかれるな」「あれ、３人だけ違うところに引いているな」というのもあります。そういう「ずれ」を探しておいて、**「探索的対話」のきっかけにする**のです。

「ずれ」を見出す、見極める：机間指導

・思考を深める契機としての「ずれ」の発見
・全体交流へどのような戦略を持ったか

◎問いが理解できているか
→発問の修正（手順・方法・時間）
◎全体の学習状況・傾向の把握
→どのような「ずれ」が生まれているか
◎モデルパフォーマンスの選択と戦略
→直後の全体場面（「質」が高まる契機として）で生かす

教師の力量（みえ方）が問われる場

学び合い：異質な他者との対話

「会話」
・・・ex.友だち同士が昨日の試合に勝った喜びについて語り合う
→〈親密圏他者〉
「対話」
・・・ex.スポーツ選手と料理研究家が互いの世界の共通点や相違点を見出す
→〈公共圏他者〉

×漠然とした「同じでーす」
→ずれ（異同）について焦点化

グローバル社会では、他国のいろいろな考え方の人たちと共に、地球規模のさまざまな課題について議論することが求められます。また、少子化で労働人口が減っていく日本には、海外からいろいろな国の人たちがやってきて、仕事を共にする機会も多くなるでしょう。国内でも、地域間の差が大きくなり、それぞれの地域が抱える事情を持ち寄ってより良い解決策を創り上げていく必要が一層高まっていくことになるでしょう。つまり、異質な他者（公共圏他者）とのコミュニケーションが大事になってきます。そこでは、必ず考え方や感じ方の「ずれ」から、誤解や相互理解の歪みが生じるでしょう。そこでは、互いの気心の知れた者（親密圏他者）との漠然とした「会話」ではなく、「ずれ」の中で、自分の考えとは異なる他者と考えをすり合わせていく「対話」でなければなりません。そのためには、印象語や情緒語ではなく、もっと筋道が通った言語力（→コラム❻参照）が必要です。**「ずれ」を前提として、その「ずれ」を生かしてつながりを深めていく**。そのような協働が必要な未来の大人が、子どもとしてあなたの教室に留学して来ていると考えてみましょう。

「ずれ」があるところにこそ、主体的なコミュニケーションが生まれるのです！

コラム“そうだったのか”⑦

ゆさぶり―認知的不協和を起こす―

探索的対話のステージのきっかけとして、教師が関与することは必要だと思います。いわゆる「ゆさぶり」をかけるのです。斎藤喜博氏の「出口論争」をはじめ、授業研究の場では昔からよく「ゆさぶり発問」として議論されてきましたが、**「ゆさぶり」は、思考を深めるきっかけとして先生が介入（intervention）し、子どもの思考に変化を与えるものです。**

例えば、「みんな、ここまでたくさん発表してくれたけど、ちょっと4班の考え方に注目してみよう。他の考え方とは異なる何かに気づくことはないかな」と一つの象徴的な考え方をモデルにして、グッと論点を焦点化します。また、「ここまで、○という考え、□という考え方、△という3つの考え方が出てきていますが、もう一つ大事な考え方が出てきましたね」と複数の考え方の存在を浮き彫りにしていきます。話し合いの過程で矛盾点があったら、「何だか、太郎と三郎の考えって逆だと思わないか?これでいいのかな?」と「ずれ」を顕在化させて子どもたちの考えに揺れを起こします。子どもたちが納得、と思っていることに対して、「ちょっと待って、いっぱい発表してもらったけれど、まだ大切な何かが足りないぞ」と、新たな角度の見方や考え方の視点を提示します。

授業では、これらの「ゆさぶり」は単元で扱っている具体的な追究内容を伴って行われます。そして、それまでの子どもの考え方に対して、**「ゆさぶり」で認知的不協和を起こすことによって、**協働で深めていくべき論点を客観的な位置に抽出し、全員で最適解を探る対話に移行させるのです。自分がこれまで認知していたことについて、「あれっ?そうなのかな」「これまでの考えではうまくいかないよ」「私の立場からすればそれはよくない」等、子どもは、これまでの自身の“わかり”に揺れを与えられることによって、不安定な心理状態に陥ります。言い換えれば、学びの場**にコンフリクト（Conflict: 矛盾・対立・摩擦・葛藤）を生じさせることになります。**学習活動としての「ねらい」を知る教師は、「ゆさぶり」を契機に、検討する内容が、「ねらい」の深化へと連動するよう**「深めどころ」における意図的な教師の出場**として教育的意図を持って働きかけるのです。

主体的な学習だからこそ教師の介入は重要であり、その内容とタイミングには熟慮が必要でしょう。また、子どもの学びの文脈と乖離した「ゆさぶり」ではなく、その時に子どもたちがどのような状況であるかを直前のノートや机間指導における表れでみとることで、**主体的な学びにさらに促しをかける教師側からの働きかけ**として授業の流れの中に位置づきます。

深まる契機…〈認知的不協和〉を起こす「ずれ」を生かす

議論を焦点化し
考えを深める契機

Conflict（矛盾・対立・摩擦）

- ○１つの象徴的な考え方をモデルに焦点化して考える
- ○複数の考え方を比べる
- ○関係性（矛盾点や対立点）の存在を取り上げる
- ○新たな角度の見方や考え方の視点を提示する　　等

「深めどころ」における意図的な教師の出場（でば）として
実際の子どもの発言・考え方の「ずれ」に介入（intervention）

《学習のための指導》

⑫ 学び方を教える

―「学習の手引き」―

教科の論理を「いかに教えるか」について力点が置かれた一斉画一型の授業においては、「教材」は、到達度において中位の子どもに照準を合わせた共通のものが教師から子どもたちに提示されました。しかし、学習者の切実な興味・関心や、個性的な言語活動を重視する学習においては、従来の教師中心の授業における**「教材」という概念から、「学習材」の概念への発想の転換**が必要視されます。いわば、**教師が「いかに教授するのか」から、子どもが「いかに学習するのか」という学習者重視への転換**です。

子どもが「主体的に学ぶ」という行為を行うにあたっては、個々人の興味・関心、到達度、学習時間、学習適性に応じた**「学習を進めるために必要な材料」としての「学習材」の存在**が必要視されます。とりわけ、国語科で主体的な言語運用を目指す単元では、子どもの興味・関心や、学習方法、表現方法を尊重しながら学習者重視の発想で組織・展開されるものであり、子どもの主体的で個性的な学習に応じた「学習材」の提供が必要となります。「学習材」として、「学習の手引き」の存在に注目してみてはどうでしょう。

主体的学習で教師が指導する際の象徴的な存在です。「主体的に学習に取り組む態度」の育成を考える上で、ワンセットで検討したいところです。

「学習の手引き」とは、「指導者が学習者の学習活動を主体的にするために、授業過程において発せられる、発問・助言・説明・指示などで、学習の仕方も含めて、書き言葉で提示したもの」と定義されます。

子どもには、〈自分の力でできる〉ことと、〈大人(他者)の助けを借りなければできない〉こととがあります。教師は後者のことに対して、**子どもが自分でできるようになるために「足場がけ(scaffolding)」**をしてやるのです。あくまでも「足場」ですから、自力でできるようになればもう「足場」をかけてやることは不要です。「よく考えて書き直してごらん」「しっかり話し合いなさい」と言って、すいすい動き出す子どもはどれだけいるでしょうか。ねらいや教材の価値を熟知する教師から、**子どものひらめきを導くような観点を与えてやる**のです。

学習の手引き(学びの手を引く)

○3種類の手引き

- ・見通し、手順を示す
- ・方法、視点を示す
- ・モデルを示す

○自分でできるようになるための〈足場がけ(scaffolding)〉
○学びに〈いざなう〉・・・“仏様の指”(大村はま)
子どものひらめきを導くような観点を与える

学び方を学ぶ・自覚(メタ化)する

「学習の手引き」には、例えば次の３つの種類が考えられます。

第一は、**見通しや手順を示す手引き**です。単元全体の追究をどのように進めていくのか、グループでの話し合いをどのような手順で行えばいいのか、このような手引きが該当します。〈input→思考・判断→output〉の主体的な言語運用のプロセスを単元としてデザインした時、子どもたちが今自分たちの学びが、何の目的に向けて、どの位置にいて、あと何をすべきなのかを俯瞰《ふかん》する掲示物で意識させる実践が増えてきました。このような手引きは、教師から全ての情報を埋め込んだものを一方的に配布するのではなく、子どもが学習プロセスで獲得した〈わかり〉〈新たな気づき〉を子ども同士で共有し加筆していくようなワークシート型のものも考えられます。

第二は、**学習方法や内容視点を示す手引き**です。解決のためのいくつかの方法や視点を列挙して示したり、表現に用いると良い語句や文を例示したり、このような手引きが該当します。子どもは自分にとって必要なものを選択したり、ここから自分の学習内容に適用するためのヒントを得たりするものになります。もちろん、使わなくてもいいし、そこに書かれているもの以外の方法や視点があることが誘発されることもあるでしょう。

第三は、**モデルを示す手引き**です。司会の仕方を実際のやりとりの事例で示したり、推薦や解説などの表現の実際を示したり、このような手引きが該当します。ただ配布するだけでなく、そこに示された具体的事例を手がかりに、何がポイントになるかを補足・解説してやることも大切でしょう。子どもたちの仲間の中から取り組んでいるものを、この手引きのモデルとして用いることも、主体的な学びを促すことに作用するでしょう。

このような「学習の手引き」は、**子どもが必要としていない時期に、全員同時に同じものを一律に配布する必要はありません**。その子どもに応じた「学習の手引き」が適宜必要になったときに手渡されることが理想ですが、子どもの数だけ異なる手引きが作成されるのは現実的ではありません。紙面化する手引きだけでなく、言葉かけによる手引きも含めて、子どもがつまずきそうな、どのタイミングで、どのような「足場がけ」を求める可能性が高まるかを想定してみましょう。

「学習の手引き」で**学び方を“教える”**。それは決して子どもの主体的な学習を阻害するものではないはずです。

手引きには、掲示物、ワークシート、実演、板書、言葉かけなど、さまざまな形式が考えられますね。

手引きを、いつ、誰に対して、どのタイミングで提供するのか、などについて、学びに並走しながら具体的授業の中で検討していくことが大切です。

ここも参考に
コラム❽

コラム“そうだったのか”❽

大村はまの「学習の手引き」に学ぶ

「学習の手引き」を活用した代表的な実践者が大村はまです。大村は、戦後の新制中学校において数多くの国語科単元学習の実践化を行った中学校教師でした。大村実践において「学習の手引き」は、**生徒自身が自らの学びを自らの力で進めていくために不可欠なものとして重視され、学習過程における生徒の学習促進のために活用**されています。

大村が使用した42の「学習の手引き」と、大村が「学習の手引き」の解説を行った講演記録の発言等を手がかりとして考察を行い、大村が「学習の手引き」において重視していたことを焦点化しました。

第一に、大村実践の「学習の手引き」では、生徒の「**自律性**」が重視されているという点です。**生徒の必要性に応じた活用の容認、生徒の必要性に応じた情報の取捨選択を容認し、生徒自身が自らの学習の状況を把握し、「学習の手引き」が必要かどうかという点について判断しながら自力で学習を展開していくことを期待した**のです。

この点に関わって、大村は、「どれかの形を借りて発言ができる」「皆もらって、使っても使わなくてもいいのです」「手引きというものはとにかく無理に使うものではないのです」「どれを書いてもいいし、どれも書かないで、自分でこれを見て、思いついて書いてよい」「別に『これを書きなさい』というのではありません。それから、まだまだいっぱいあるでしょう。だけど何もないこともあります。それから考えるときに、これを見ているとヒントがあります」と述べています。

第二に、大村実践の「学習の手引き」では、「基準性」が重視されています。**教師から提示される一つのモデル案を基準として、生徒は模倣・反復しながら自らの学習内容に適合するようにモデル案を修正していくことによって**、方法がわからない生徒、とりわけ入門単元において充実した学習活動が展開されることを期待したのです。この点に関わって、大村は、「これがその標本です。これをこういうふうにずっと書いてありまして、この通りやっていくのです」「まずはこれは、読んでいくのです。そのグループで、ちゃんと言葉として、読んでいきます。そして、何回も読むのです」「言いながら直すのです」「こういう一つの形は型なんだ。こういうふうに運ばなければ、この話はできないので、こうやって話の仕方を本当に覚えていって、こんな台本がなくても、こういう話が順序良く、気持ち良く進んでいくようになっていかねばならない」「基本的な学習の仕方というのは、覚えさせないと勉強がうまくできないでしょう」と述べています。

第三に、大村実践の「学習の手引き」では、「具体性」が重視されています。教師が学習に関わる内容や方法を具体的に提示することによって、**生徒が言語活動を具体的方法・手順として認識し**、表層的な活動主義に陥ることなくその言語活動を「できるようになる」ためには不可欠であるとしています。

この点に関わって、大村は、「司会者が話を転換しなければいけない。こんな同じようなことばかり言ってたら駄目だと思います」「『もっと元気

コラム“そうだったのか”❽

大村はまの「学習の手引き」に学ぶ

を出して、自分の思ったことは発言しなさい』などというお話をよく聞きますけれども、そんなこと言われても、何と言ったらいいかちょっと言葉が出てこないのです」「この形にしておかないと生徒が書けません」「ただ『まとめておきなさい』と言ったら、とてもあれだけには書けないと思いますが、この『まとめの手引き』のおかげで、深入りして書けます」「ただ『感想を書いてごらんなさい』と言ったり、『おもしろいと思うところ、感心したところを書いてごらんなさい』といったような発問では、なかなか書けないのです」と述べています。

第四に、大村実践の「学習の手引き」では、学びに対する「先導性」が重視されています。**単元の進行過程で生徒がつまずきや困難性を感じると想定される場面に、教師が意図性をもって「学習の手引き」を学習材として準備しています。**生徒の個性重視という点が教師の生徒への追随に陥るのではなく、生徒が困難の局面を克服し学びを促進していくために、教師が先鞭をつけながら「学習の手引き」を準備していくことが重要なのです。

この点に関わって、大村は、「ちょっとした手引きで、自分を発見する道程のようなものをつける」「この『発言の手引き』というのを見ていきますと、どんどん思いつくのです」「今度の話し合いでどんなことを、どんなふうに言ったらよいか、わかっているならどのように言ったらよいか、見当をつけるためのものです」「何か手伝ってやらねば駄目なんだ。それが『手引き』なんだ」「手をつけるように仕向けるのが当然ではないかと思います」「ですから、それができなかったら、リードしなければならない」と述べています。

大村実践が中学生を対象としていること、大村が極めて優れた実践家であったこと等を考えれば、これら「学習の手引き」の特質が、どんな教師でも、全ての対象の子どもに適用されるかについては検討・配慮が必要ですが、主体的な国語科学習の実践に取り組む現在の教師にも大きな手がかりになるものでしょう。

教師は子どもの学びに並走し、その状態にまなざしを向けながら、「学習の手引き」を通して子どもの活動が学びとして前へ進むよう、先導して子どもの手を引きます。そして、学習者である子どもは「学習の手引き」で示された基準モデルや視点の模倣・選択を行いながら、「自分の力でできるようになる」経験を積み重ねていくのです。この一連の過程において、「学習の手引き」は非強制的、個別選択的な「学習材」として位置づくのです。**「学習の手引き」は、子どもが自らの学習に適合させて自覚的、自己修正的に「学習の手引き」を活用することを通して、メタ的な思考を伴う自律的な学びの大切さを子どもに示唆す**るものといえましょう。

《学習のための指導》　❸ 並走する　⓫ しつらえる　❹ 振り返らせる

⑬「教室経営」で学びを見える化する

―成功だけではなく、つまずき・停滞を含んだ物語として―

コロナ禍が収束し、学校・教室という空間に子どもたちが戻ってきました。教室で仲間と集い、対面で視線を交わしながら学び合う、そこに「息づかい」「まなざし」を直接感じながら、「リズム」が生まれ、文化が醸成されていきます。子どもたちにとって、**教室そのものが、主体的な学びを促す《学びの環境》**であると考えます。

《学びの環境》づくりは、子どもの学びに間接的に働きかける有効な「指導」の一つです。

主体的な学習では、**「結果」だけではなく「過程」のありよう**が大切です。国語科における主体的な学習は、ある目的・状況下における言語運用の仕方について思考・判断するプロセスとして展開します。**思考力・判断力・表現力という学力は、正・誤や有・無の一発勝負で表れるのではなく、その程度や具合が徐々に変容していくことで表れる学力**だからです。教室を、目的に向けた自分たちの言語活動の歩みが見えるようにしつらえてやりましょう。

単元の進行中、あれこれ悩んだこと、見つけたポイントなどを通して、「質」の高まりの機会を自覚させましょう。

さて、言語運用のプロセスは、教師から与えられた決まったパターンを当てはめて終わり、というものではありません。それは例えば、「好きな物語を推薦しよう」という目的に対して、推薦のしどころの選び方(読み方)や、推薦するための表現の仕方(話し方や聞き方)、そこで必要な語彙やフレーズ(言語知識)などについて、具体的な目的や状況に付す条件と往還させて、仲間と共にあれこれと頭を悩ませるプロセスです。だからこそ、最終的な目的の遂行に向けての**思考錯誤の事実の存在に、言語運用の主体である子ども自身が意識を向けることが、「自律的」に歩んでいく学び**であるためのポイントとなります。

まずは、単元展開のプロセスで**「今、何のために、何について検討しているのか」を本時のめあてレベルで可視化して共有**することが大切です。そして、本時で検討(思考・判断)して得た〈より良く言語運用するための気づき〉が、何

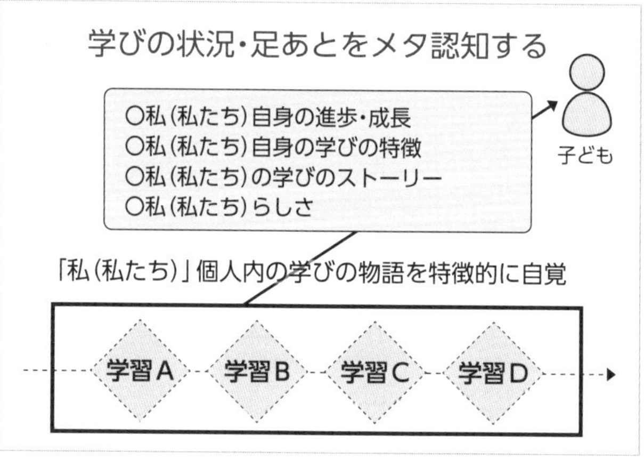

なのかを明示的に共有する場面を持ちましょう。本時1時間ではなく一定の時間を使って検討を進めてきた場合は、自分の「読みの状態」や「書く状態」がどのように変容してきたかをメタ認知させたいところです。それは単なる感想ではなく、「今回は＝＝＝に気をつけて書いてみた。〇〇〇のところの記述を□□□と書き直してみたら～～がよくわかるようになった。」など、**自らの言葉の使い方に関わる言語化（メタ言語）による振り返りの活動**が大切となるでしょう。

このような単元展開のプロセスにおける個々の言語運用の状況を、**価値ある「学びの物語」の一部としてその変容のさまを見える化して掲示**してはどうでしょうか。教室の掲示といえば、最終的な表現成果物を背面に掲示することが多いですが、ここでのポイントは、**〈成功〉だけではなく、〈つまずき〉〈停滞〉〈後退〉とその〈克服〉**も含めて、単元プロセスで、**今、まさに自分たちが試行錯誤しているさまを教室経営として見える化**することです。それはいわば**「動いている」状況を教室空間にしつらえる**ということであり、朝、登校して教室に入れば、そこに自分たちの「物語」と出合うことになります。

例えば、物語を紹介するという言語活動では、

〇単元冒頭（およびその後）自分たちが紹介したい物語の作品群
〇紹介する際に私たちが有用だと思える言葉や言い回し
〇あらすじにまとめる時の私の試行錯誤（変容前と変容後）
〇「紹介」という活動で私たちが難しいと感じている克服点
〇紹介される相手側からの願いと、私たちの応えの可能性
〇私の紹介文の下書きと最終的な紹介文
〇最終的な紹介文とそこに意識して使った「書き方」や「読み方」

このような「プロセスの事実」こそ、子どもたちの学びの「ほんとうの歩み」が子どもたち側に見えるものでしょう。いわば、**言語運用に関わる学級の試行錯誤の「物語」を教室にポートフォリオするのです。主体的な学習を子どもたちが自分事・自分たち事として実感する空間として、教室を子どもたちのためにしつらえ**てみませんか。「そうそう、今、こんなことに向き合っているんだった」「私たちは最近、この克服に苦労しているんだ」「私はこのポイントがすごく使えそうなんだ」「このアイデアはみんなに採用された私の考えだよ」「みんなといろいろ試行錯誤してきて、今は前よりこう変わってきたよ」等の子どもの声が聞こえる「教室経営」です。**子どもたちの学びのプロセスに並走する**教師だからこそ、あなたの教室でぜひ挑戦してください。

主体性とは、いつも元気で前向きで、ということだけはありません。停滞や葛藤を乗り越えていくことがあってこそ、自分が実感・納得できる学びができた、と感じるのでは。

教師が決めた単元展開だけでなく、そこに学習してきたこと「自分（たち）のわかり・つまずき・改善」を物語として加筆していくようなイメージです。

コラム“そうだったのか”⑨

45分の物語を解釈する授業事後研―授業構造化法―

学習指導要領では、目的に向けていかによりよく言語運用（話す、聞く、書く、読む）するかについては、「思考力・判断力・表現力」の観点の指導と評価として位置づけられています。この「思考力・判断力・表現力」はいわゆる「見えにくい学力」であり、正・誤の二分法で判定できない質的な学力です。したがって、単元末の一発勝負のテストではなく学習過程で徐々に変容していく学力として、読み方・書き方・話し方・聞き方の「程度」や「具合」を質的に高めるために形成的に働きかけていく必要があります。

「主体的な学習で子どもに力をつけたのか」という問いに対して、子どもの学びの質が高まったかについて、漠然とした印象ではなく、45分間の中で子どもと教師の間で繰り広げられた事実から丁寧に吟味されるべきです。

45分間の授業は、一人称の固有名をもった子どもたちと個性的な一人の教師が織り成す一つの固有の物語であるといえます。授業事後研では、授業という固有のドラマの中で繰り広げられた子どもと教師の事実のもつ意味を解釈し合い、「子どもは（教師は）ここでなぜそういう発言をしたのか」「子どものこの発言をどのように捉えればいいのか」「この場面の子どもの発言に教師はどう対応することが考えられるか」等を考察し合うことによって、刻々と変化する授業場面において、子どもの学びの質（思考力・判断力・表現力）の変容の状況を捉え（＝評価）、それに対して働きかける（＝指導）教師の力量を高めることがとても大切です。

多様な教師の「みえ方」を交流し、質的学力への指導と評価の力量を涵養するために、私は、例えば次のような「**授業構造化法**」の具体的手順としての授業事後研をお勧めします。

第一に、授業開始前において、司会者は、模造紙を４枚程度つなぎ合わせた黒板大の横長の用紙を会場の前面掲示として準備し、そこに本時指導案の活動分節ごとの枠組みを記入します。（**当初想定したストーリーの共有**）

第二に、授業開始前において、授業を参観する全教員に対して、「授業を参観して、気になった子どもや教師の言動の具体的事実を一つ見つけておくように」と教示し、授業後、各教師が一枚ずつ配布された付箋紙に自らが特定化した事実を記載します。（**実際の授業における“重要な出来事”の抽出**）

第三に、授業中において、記録者は子どもと教師の言動および関係性等を可能な限り正確に記録しておきます。それは、例えば、子どもと教師の発言プロトコルとして整理し、授業事後研における解釈に活用できるように準備します。この際、児童名は一人称の固有名で記載することに留意しておきます。

第四に、授業を参観した教師全員が、事実の特定化を行った付箋を前面掲示の授業全体像の中に順次位置づけ、その事実に関わる自らの解釈を表現し交流し合います。この際、司会者は、教師の解釈の価値を意味づけたり、教師相互の解釈を関連づけたりしながら、本時の構造的な特徴の顕在化を図ります。（**特徴あるドラマとしての45分間の物語の解釈**）

第五に、解釈の交流によって焦点化された、参

①模造紙の準備（時間軸・活動の枠・意識の柱・評価基準）

▶ 授業を一連の構造で捉える力

②

③

②各自が付箋に発話記号を記載

▶ 授業の中で意味のある具体的事実を見出せる力

⑤

③付箋の貼付と具体的事実に対する解釈の説明

▶「私」の指導観・子ども観に照らして解釈し批評する力

④司会者（prompter）としての役割（関連づけ、キーワード、類型化等）

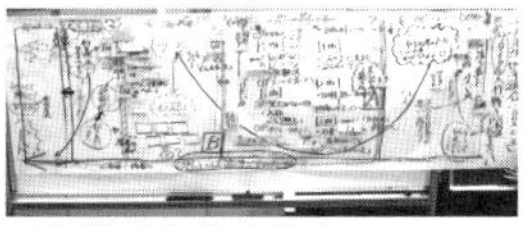

▶「私」と「他者」との解釈の仕方の共通点、相違点の自覚

⑤授業の「相（物語としての授業の特徴）」を全員で把握する（授業のヤマ、鍵となる発言等から）

⑥

▶ 授業を一つの価値あるストーリー・ドラマとして捉える力

⑥焦点化された場面についての考察（事実の再認識、代案の検討→小集団による交流・発表）

▶ 学びを促す具体的打開策、レパートリーの拡大

観者の関心が集中している特定の事実について、その事実に対する再解釈を行ったり、授業改善に向けた他の方策の検討を複数の教師で協働的に行ったりして、現実的で具体的な指導改善に結合させせます。（**ドラマを生んだ事実に関わる省察**）

第六に、付箋を貼付し構造化した前面掲示に授業記録を添付して保管し、授業事後研ごとに蓄積します。そして、過去の授業事後研の履歴を解釈にあたっての手がかりとしたり、校内の教師集団が多様な「鑑識眼」を涵養している点を顕在化し、今後の育成の方向性を見出したりします。

このような授業事後研では、付箋紙や模造紙を使うことが大切なのではありません。大事なことは、**一つひとつの具体的事実の関係を捉えながら、授業を一つの意味ある塊（物語）、文脈として意味を捉えていくことです**。授業をばらばらに“切り身”にして分析するのではなく、授業を“全身”の中で構造的に捉えるのです。授業の一つひとつの事実を物語のストーリーの中に位置づけ意味づける営み、また、授業を固有の物語として見た時、45分間あるいは50分間にどのような「ドラマ」が生まれ、生み出され、意味のある物語として紡がれたのか、授業構造の中に位置づけ、解釈を公開し合う行為こそが重要なのです。この時、授業研究における教師の表現が急激に抽象化・概念化して、授業での具体的な事実と乖離しないよう注意する必要があります。

以上述べてきたように、活用の「程度」や「具合」を、教師が解釈しながら形成的・臨機応変的に指導と評価を行っていく上で「子どもの具体的な姿の意味をみとり解釈する」力量は必要不可欠なものとなります。授業事後研は、具体的な授業の事実を見合うことを通して、言語活動の「質」の向上に向けて子どもを捉え、働きかけていくための複眼的・重層的な「みえ方」を育成していく絶好の機会であるといえます。

【参考・引用文献】

・吉本均『ドラマとしての授業の成立』明治図書出版、1982。
・大村は、「虚の場ではなく実の場の学習とは、つまりほんとうに自分の生活目的のために立ち上がっているような姿勢にもっていくということだと思います。」と述べ、国語科単元学習が主体的学習として成立するための「実の場」の必要性について指摘している。詳細については、大村はま『大村はま国語教室・第11巻』筑摩書房、1983を参照のこと。
・大西道雄「国語科授業論の一考察―学習の手引きを中心に―」『福岡教育大学紀要・第33号・第一分冊』福岡教育大学、1983、pp.73-87。
・S.I. ハヤカワ『思考と行動における言語』岩波書店、1985。
・大西道雄『学習の手引きによる国語科授業の改善』明治図書出版、1987、pp.10-12。
・西郷竹彦『ものの見方・考え方』明治図書出版、1991。
・浜本純逸『文学を学ぶ・文学で学ぶ』東洋館出版社、1996。
・浜本純逸『国語科教育総論』渓水社、1997。
・浜本純逸『国語科新単元学習論』明治図書出版、1997、pp.62-64。
・桑原隆『言語活動主義・言語生活主義の探究－西尾実国語教育論の展開と発展－』東洋館出版社、1998。
・大村はま「講演資料（1999年12月5日）『国語教室の実際―学習の手引きについて―』」『大村はま・国語教室の実際』渓水社、2005、pp.439-508。
・大村が最期に遺した詩「優劣のかなたに」にある一節、「自分はいわゆるできる子なのか できない子なのか、そんなことを 教師も子どもも しばし忘れて、学びひたり 教えひたっている、そんな世界を 見つめてきた』は、大村の子どもと共に学びに向き合う教師としての姿勢、教育観が表れた部分である。詳細については、苅谷夏子『優劣のかなたに 大村はま60のことば』筑摩書房、2007を参照のこと。
・勝見健史「小学校低学年の国語科単元学習における『学習の手引き』の意義」『教材学研究』第18巻、日本教材学会、2007。
・勝見健史「小学校低学年の国語科単元学習における『学習の手引き』の特質 ―国語科単元学習の実践事例の比較を通して―」『中研紀要・教科書フォーラム』No.6、中央教育研究所、2008、pp.12-27。
・勝見健史「国語科－教師の単元デザイン力が問われる－」『「見通し・振り返り」学習活動の充実－その方策と実践事例－』教育開発研究所、2010、pp.86-89。
・勝見健史「言語力の育成を具現化する単元組織の方法と課題」『学校教育研究』No.24、日本学校教育学会、2009、pp.59-71。
・鶴田清司・河野順子編著『論理的思考力・表現力を育てる言語活動のデザイン小学校編』明治図書出版、2014、pp.20-43。
・拙論「言語活動をどのように評価するか―国語科における成果物の評価方法に着目して―」『月刊兵庫国語5月号』兵庫県立教育研修所、2014。
・勝見健史『「活用」の授業で鍛える国語学力－単元・本時デザインの具体的方法－』文溪堂、2014。
・勝見健史「大村はまの指導観に学ぶ－『仏様の指』としての学習のてびき－」『教育フォーラム53』金子書房、2014。
・勝見健史「自律的な言語運用に資する評価として－児童・生徒が参画するプロセス評価－」『国語科教育』第78集、全国大学国語教育学会、2015、pp.8-9。
・松友一雄「国語科授業における教師の『見取り』とインターベンション：効果的なインターベンションを生み出す即時的評価」『国語教育研究』56号、広島大学教育学部国語教育会、2015、pp.86-95。

- 石井英真『今求められる学力と学びとはーコンピテンシー・ベースのカリキュラムの光と影』日本標準、2015、pp.39-46。
- 勝見健史「「思考のすべ」を活用する論理的な解決プロセスを」『国語教育』11月号、明治図書出版、2016、pp.36-39。
- 勝見健史編著『ビフォー・アフターで取り組む国語科授業デザインー「主体的・対話的で深い学び」へのアプローチー』文溪堂、2017。
- 勝見健史「国語『思考力・判断力・表現力』を育成するための『すべ』」角屋重樹編著『新学習指導要領における資質・能力と思考力・判断力・表現力』文溪堂、2017。
- 勝見健史「国語科の単元デザインと授業構想」井上雅彦・青砥弘幸編著『初等国語科教育』ミネルヴァ書房、2018、pp.37-53。
- 勝見健史「学びを見とる『鑑識眼』を磨く」『全国大学国語教育学会・公開講座ブックレット⑦国語科の授業づくりと評価を考える』全国大学国語教育学会大会、2018、pp.51-60。
- 勝見健史「関係付けて思考するための言語能力－『しっかり考えなさい』からの脱却ー」『ことのは』第4号、東京書籍、2019、pp.1-2。
- 幸田国広『探究学習ー授業実践史をふまえてー』渓水社、2020、pp.14-19。
- 勝見健史「CMのしかけをさぐろうーわたしたちにシリーズ9作目は作れるか!?」松崎正治・藤原顕・目黒強編著『対話を通してことばを深く学ぶ主体の形成ー神戸大学附属住吉小学校・中学校の国語科総合単元学習の軌跡ー』渓水社、2021。
- 藤原顕「対話を通して主体的なことばを深く学ぶ学習の生成ー附属住吉小学校における国語科総合単元学習の達成点と課題ー」松崎正治・藤原顕・目黒強編著『対話を通してことばを深く学ぶ主体の形成ー神戸大学附属住吉小学校・中学校の国語科総合単元学習の軌跡ー』渓水社、2021、pp.167-182。
- 増永雄一郎「初等教育における動画テクストを用いた学習の指導法－英国映画研究所（2003）LOOK AGAIN!の分析を踏まえてー」『国語科教育』第92集、全国大学国語教育学会、2022。
- O'Connor, M. C., & Michaels, S. (1996) Shifting participant frameworks: Orchestrating thinking practices in group discussion., Discourse, learning, and schooling (pp. 63-103). New York: Cambridge University Press.

第3章のポイント

- 状況下で言語を運用する「単元」をデザインしよう。
- 魅力ある追究の場に子どもたちを誘（いざな）おう。
- 子どもと共に学び浸りながら、追究に並走しよう。
- 言語生活・読書生活のつながりへと導こう。
- 活動にとどまらず、思考の場を保障しよう。
  - ◆「関係性を問う」ことを促そう・しかけよう。
  - ◆「条件」について振り返らせよう。
  - ◆「ずれ」の存在をみとり、深まる契機としてしかけよう。
- 子どもの考えを縦糸・横糸で価値づけ、つなごう。
- 発表し合うだけでなく、交流後の次の一手として「探索的な対話」の場をデザインしよう。
- 自分でできるようになるための「学び方」を授け、主体的に学ぶための足場をかけよう。
- 振り返らせたことを、子どもの学びの物語に還流させよう。
- 子どもたち自身に学びの状況・物語が見える教室として、〈学びの環境〉をしつらえよう。

第4章

主体的な学習をどう評価するか

—「学習のための評価」へ —

assessment for learning

前章では「主体的な学習のための指導」について見てきました。ここでは、「主体的な学習のための評価」はどうあるべきか、教師の役割を意識して考えてみましょう。そして、あらためて「主体的な学習」における教師の役割について、「自律性」を高める視点から捉え直してみましょう。

第2章でお話したように、主体的学習における教師の「指導」のあり方を考えていくことは、すなわち、同時に「評価」のあり方を考えていくことに他なりません。それは、主体的学習を教師が「指導」した責任として、力がついているかを確かめ見届けるための「評価」が不可欠であると共に、そもそも「評価」が、教師のため(評定のための情報を得るため、自分の指導を改善するため等)だけに行われていて良いのかという、これまでの「評価」〈**「指導のための評価」(assessment for teaching)**〉の問い直しが必要だからです。

とはいえ、子ども側に丸投げした「ふりかえり(自己評価)」活動だけでは、多くの場合、曖昧な印象や感想レベルの表出にとどまり、国語科という教科として育てる力と乖離した「評価」になってしまいます。また、現実問題として、国語科としての学力が子どもに獲得されているのかについて看過する訳にはいかないのは当然ですから、教師による教師のための「評価」も必要です。しかし、それが子どもの学びを「外から」値踏み・判定するような評価や、教師側だけに隠蔽《いんぺい》するような評価であれば、むしろ子どもの主体性にブレーキをかけ、萎縮する姿が生じることになります。

つまり、**主体的な学習を具現化するにあたっては、子ども側の「学習」を促すための「評価」が必然**として行われるべきであり、それは言い換えれば、子どもが自ら主体的に学びを進めるために、いつ、誰が、何のために、何をするのか、教師はどう関与(「指導」)すべきか、という**主体性を促す「学習に還流する指導」として「評価」**が語られるべきということです。このような、子どもの【学習】の地平に立った評価の考え方を本書では**「学習のための評価」(assessment for learning)**と呼びたいと思います。それは、**学習者である子どもが評価に参入し、学習活動の一部として評価が子ども自身によって学びの一部に取り込まれる**、ということであり、いわば、**「学習と評価の一体化」**を目指すものであるといえます。

第4章では、主体的な学習において子ども側の学習に還っていく「評価」の考え方、そのための教師の関与のあり方について考えてみましょう。

戦後の主体的学習で起きたこと
—“単元学習で力がつくのか”—

活動あって力つかず —「学習論」と「学力論」の乖離—

今、「子ども主体」の国語科学習の具現化を目指している私たちにとって、**過去に「子ども主体」の国語科学習の実践で何が起きたのか**について知ることは、今の実践のあるべき姿、これから陥る危険性がある課題を意識するためにとても重要です。ここでは、戦後の我が国の国語教育において主体的な学習論としてその存在価値が象徴されてきた**「国語単元学習」**に注目して見てみましょう。国語単元学習とは、子どもの言語生活・読書生活の向上を目指して、国語教室に、学習者が読みたくなる、書きたくなる、話したくなる、聞きたくなる、魅力ある“場”を設定し展開されるひとまとまりの学習であり、「主体的な言語活動」をデザインする現在の国語科学習の

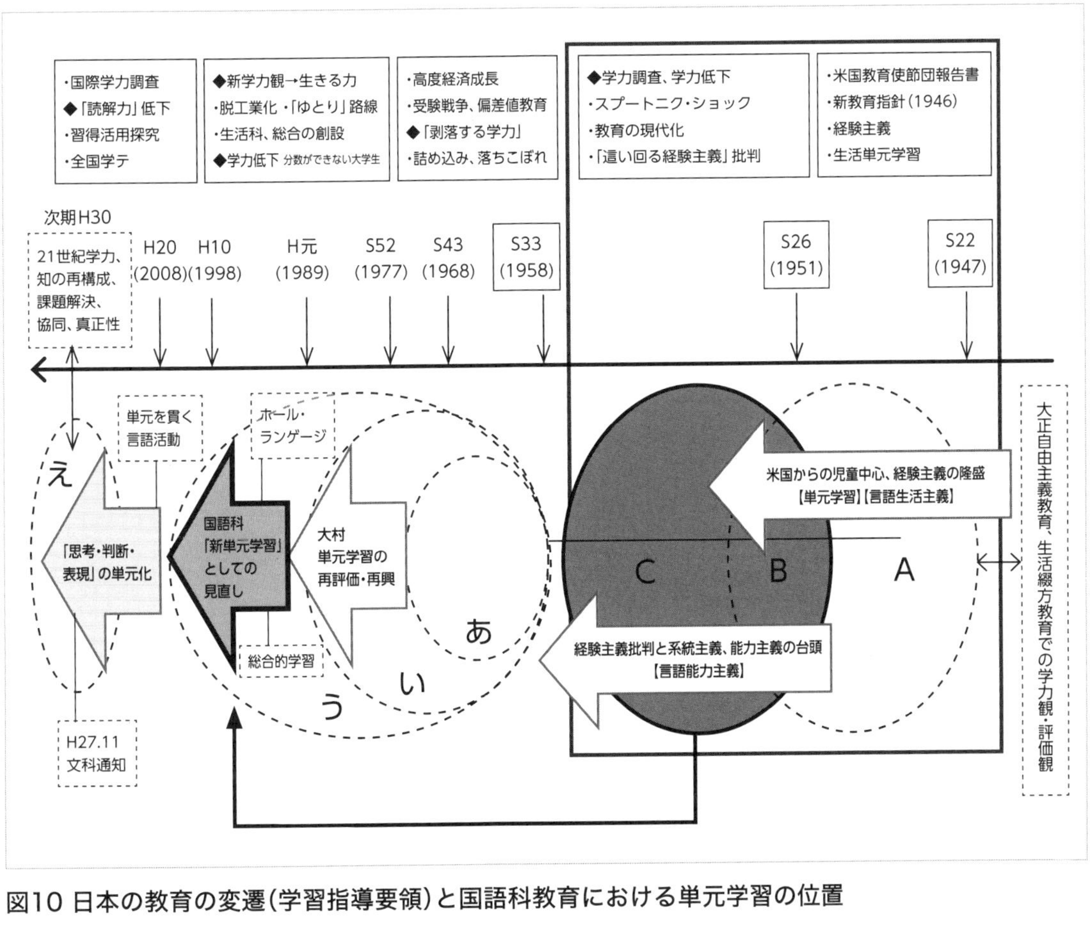

図10 日本の教育の変遷(学習指導要領)と国語科教育における単元学習の位置

考え方と多くの部分が共通します。国語単元学習は学習者中心の授業論として、国語科教育史において隆盛・衰微を繰り返してきました。当時、何が問題視されたのかを見つめることで、今、私たちが取り組んでいる国語科における主体的な学習の評価について留意すべき手がかりを得ることができるはずです。

前ページの図10は、戦後の国語科教育における単元学習の位置を示したものです。学習者主体の国語単元学習は、昭和20年代の前期（図中A）の時期には、アメリカの教育の影響を受けた経験主義教育の主流として隆盛を誇りました。しかしながら、昭和20年代の後半（図中B）の時期には、早くも**「単元学習で力がつくのか」「這い回る経験主義」**と批判され、衰退していきます。これは、国語単元学習の**子ども主体の理想の「学習論」としての意義と、国語科の学力をつけるという現実的な「学力論」とが乖離**していたということであり、言い換えれば、「評価」の対象と方法が、国語単元学習の特質と一体化したものではなかったということです。この点は、現在の国語科の授業において、活発で主体的な「活動」をしていることにのみ注目し、そこで鍛えるべき「思考力・判断力・表現力」の発揮の姿を視野に入れて子どもを捉えていない**「思考活動の欠如した活動への放任」**や、主体的な言語運用の仕方を視野に入れた授業実践をしておきながら、従前の正誤型の総括的なペーパーテストに偏重するという**「育てたい力と評価方法との乖離」**が生じていることと同様であるといえます。

さて、昭和20年代後半に衰退した国語単元学習は、その後平成4年頃から当時求められた学習者主体の学力観を背景に**「新単元学習」**として再び脚光を浴び、「這い回る経験主義」「単元学習で力がつくのか」と批判された課題を克服すべく、各地で活発に実践が行われることになります。そして、その際、子どもの主体的な学びと国語学力を保障することとが両全するために、当時重視された到達度評価の客観的・科学的な分析手続きによる評価基準（criterion）を授業の中に取り込みながら、さまざまな実践が学校教育現場で試みられました。

このように時代を超えて盛衰を繰り返してきた「主体的な学習」の象徴的存在としての国語単元学習は、昭和20年代と平成4年頃の両時期に共通して見出される課題として、以下の4点が焦点化されます。これらは、現在、主体的な国語科学習を模索する私たちも看過してはならない点です。

第一に、〈克服すべき課題〉としての教師中心の「指導」と、それを乗り越えるための〈目指すべき理想〉としての子ども主体の「学習」との対立的構図で、**「指導」する授業が克服・改善されるべきとして捉えようとする**動きです。果たして、主体的な「学習」において、「指導」は避けるべき行動なのでしょうか。そもそも、主体的な学習における「指導」とは何を指すのでしょうか。第二に、「指導」側から「学力」への強い結びつきの意識、および、「指導」した結果としての「学力」の定着を判定する「評価」に強い意識が働く動きです。しかし、**教師が求める「学力」の有無を教師側が隠蔽して一方的に判定する「評価」は、果たして主体的な学習に馴染むものなのでしょうか**。第三に、求める子ども主体の学習を通して、「学力」は定着したのか、とりわけ、外部（社会・国・時代）から「求められる」学力が、主体的学習によって「欠落してはいないか」と問われる動きです。**主体的な学習でこそ育つ「学力」とは何か、それは誰の何のために働く学力なのか**、について視点を定めなければなりません。第四に、国語科において教師の主観的判断に依存しながら判定してきた曖昧な評価は、「科学的」「客観的」な側面の不可欠性への要求に応える形で、具体的な「評価方法」を選定していった動きです。しかし、果たして、**客観性・科学性・効率性を問うあまり、子ども同士、子どもと教師との膨らみのある個性的な追究の物語のエピソードを削ぎ落とし、単元プロセスにおける追究の魅力を貧相なものにする**ことにならないでしょうか。

これらの4点は全て、誰のための、何のために生きて働く国語学力なのか、ということを教師がどのように考えて授業に臨んでいるかということに大きく左右されるものであり、**言語運用力のありようの評価を**、(それが学習指導要領で教師側に明確に示された内容であっても)**教師側に隠蔽せず、言葉の使い手である子ども側にどれだけ委譲していけるか**ということの覚悟と責任に繋がるものではないかと思います。

子ども側の論理で授業をつくるー「学習に必要な学力」としてー

国語単元学習は、学習者重視の主体的な学習論であるがゆえに、同時に「学力がついたか」という指導者側からの評価論が問われ続けてきました。しかし、国語単元学習を、**「学習者の主体的な言語活動の遂行の場」として捉えるか**、「指導者が教科として求める言語能力の獲得の場」として捉えるか、という二律背反的な捉え方の揺れ、また、**評価は誰のために何のために必要視されるのか**という評価の目的と機能に関わる根源的な揺れによって、主体的学習に歪みをもたらすことは避けなければなりません。「教科として力がついたかどうかの評価をきっちりとやらねば」「学力の欠落を避けなければ」と力が入れば入るほど、教師側の論理で客観的・科学的・効率的に評価を行おうとするあまり、主体的な学習らしさが失われていく、という状況は、主体的な学習の評価論のもつ脆弱性であるといえるのかもしれません。

つまり、**活動は子ども側の論理、評価は教師側の論理という二重性によって、子どもたちが良かれと思って取り組んでいることとは異なる視点から、教師が値踏み判定しているような状況**が生じているということです。今こそ**学習論と連動する評価論**の再構築が必要であると考えます。

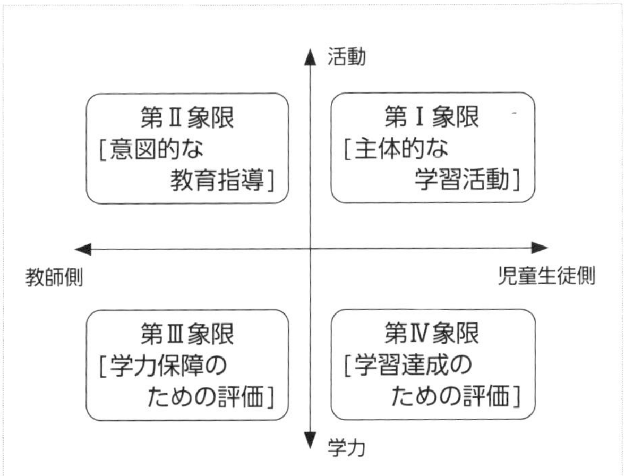

図11 国語単元学習における指導と評価の重点位置

この点を、国語単元学習の指導と評価において何を重点として考えるかを視点に、**図11**の4つの象限として整理してみました。縦軸の「活動―学力」、横軸の「教師側(指導者側)―児童生徒側(学習者側)」の座標軸で構成される4つの象限は、

〈第Ⅰ象限：子どもが主体的になる学習活動〉〈第Ⅱ象限：教師からの意図的な教育指導〉〈第Ⅲ象限：教科の学力保障のための教師側の論理の学力とその評価〉〈第Ⅳ象限：目的達成のための子ども側が求める学力とその評価〉として類型化することができます。

私は、学習論と連動する評価論を考えるためには、「主体的な学習活動（Ⅰ）」→「学力保障のための評価（Ⅲ）」→「そのための意図的な教育指導（Ⅱ）」→「学習達成のための評価（Ⅳ）」、すなわち**【主体的な学習活動を通して教師側が求める学力の保障をするための授業】**から、「主体的な学習活動（Ⅰ）」→「学習達成のための評価（Ⅳ）」→「そのための意図的な教育指導（Ⅱ）」→「学力保障のための評価（Ⅲ）」、すなわち**【子ども自身が自らの目的達成のために必要とする力に関して、教科の知を熟知する教師の関与を受けながら、国語科の「学力」と絶えず往還する授業】**への転換を図ることが大切ではないかと考えます。

つまり、「子どもが主体的になる学習活動〈第Ⅰ象限〉」のプロセスで生きて働く「子ども側が目的達成のために求める学力〈第Ⅳ象限〉」を注視しつつ、それに対して「その質を吟味する契機として（教科の知を熟知する）教師の関与〈第Ⅱ象限〉」を受けながら、結果として「（双方が必要とした力として）教科としての学力が獲得される〈第Ⅲ象限〉」という、**子ども側の主体的な学習をいかに有意義に遂行できるかを優先する流れ**（Ⅰ→Ⅳ→Ⅱ→Ⅲの流れ）への転換です。大切なことは、**「誰のための国語学力なのか」「何のための学力なのか」という軸足の置き方**の違いであり、いずれの場合も、教科の知を熟知する教師だからこそできる関与を伴うものです。

教師側の論理優先

子どもが主体的になる学習活動を
デザインする（Ⅰ）
↓
教師側の論理としての教科の学力の配置（Ⅲ）
↓
教科の学力保障のためにどう指導するか（Ⅱ）
↓結果として
子ども側が目的達成のために求める学力が
保障される（Ⅳ）

子どもの側の論理優先

子どもが主体的になる学習活動を
デザインする（Ⅰ）
↓
子ども側が目的達成のために求める
学力への注視（Ⅳ）
↓
その質を吟味する契機としての教師の関与（Ⅱ）
↓結果として
（双方が必要とした力として）
教科としての学力が獲得される（Ⅲ）

図12 教師側の論理優先の授業づくりと子ども側の論理優先の授業づくり

このことは、【〈教える－教えられる〉関係性を前提に、教師側に隠蔽された到達基準によって判定される評価】から、【学びと並走する教師によって相談的に支えられながら学習者が学習達成を目指す評価】への転換が重要であるということです。そこでは、**「評価への学習者の参画」**および**「学習者と教師との協働としての評価」**を実現するための、「学習に還流する」新しい評価論が必要とされるでしょう。それは言い換えれば、**評価を指導と直結させるのではなく、評価を学習に直結させるための教師の位置・役割の見直し**を意味するものであると考えます。

「指導改善をはかる評価」から「学習改善に生かされる評価」へ

評価が子どもにとって「自らの学習に必要なもの」として還流することなく、教師側の論理からのみで評価方法を客観的・科学的・系統的・効率的・合理的なものにしていくことは、いわば「主体的な学習」を教師側から〈正当に〉評価しようとすればするほど、逆に主体的な学習らしさが失われていくという状況を生み出しかねないということです。子どもの個性的な追究の物語(つまずき、気づき、停滞、後退・・・)に対して、日々子どもたちに関わる人間教師だからこそそれらの意味や価値をみとり、子ども自身にとって価値を感じるエピソードとして子どもの学びの物語の中にそれらを組み込んでやるのです。今こそ、**「学習と連動する評価」**としての再構築が必要ではないでしょうか。

さらに、かつて1992年頃からの「新単元学習」で、時代に求められる新しい学力の重要性を背景にした国語単元学習における学力が、基礎学力としての「国語科の学力」と、基本学力としての「教科共通の汎用的な『自己学習力』」の両輪に焦点化された点にあらためて注目してみましょう。

国語単元学習においては、**「教科として育てるべき学力」は、主体的に言語運用しようとする「自己学習力」と一体化して発揮**されるものであることから、双方の学力を切り離してそれぞれの結果のみを評価するものではありません。また、「自己学習力」は、他者が学習の外側から評価するのではなく、**子どもが実際の学習場面で実感を伴った効力として自覚的に評価**することが望ましいでしょう。言い換えれば、「自己学習力」の発揮の状況は、子ども自身が取り組んでいる学習の具体的な内容に対する理解の深まりや遂行の程度に照らして、子ども自身によって判断されるべきであり、すなわち、**「話す・聞く・書く・読む」の言語能力と言語知識をいかに適切に運用しているかという状況を子ども自身が自覚し、その結果をその後の子ども自身のより良い言語運用に還流させる**、という**学びのサイクルに評価が組み込まれる**ことが望まれるのです。

この点は、現在の学習指導要領で「思考力・判断力・表現力」の育成を具現化する国語科授業においても、主体的な言語活動と国語科の求める学力としての指導事項の内容とをどのように連接させるのかを検討する上で、同様の論点になるものだといえます。その際、**「評価によって指導改善をはかる」という考え方に関わって、「評価による指導改善は子ども側の学習改善につながっているのか」という問い直し**をすることが非常に大切になってきます。具体的には、「形成的な評価は、果たして児童生徒の学習改善に生かされているのか」の命題をひもとく手がかりとして、教師が何をみとり、子どもと教師が何を共有しながら、学習主体である子どもに対して何をフィードバックし、**どのように学習に還流させていくのか**という点を精査することが重要となるでしょう。評価を学習へどう還流させていくか、という国語単元学習が求める**「学習論としての評価論」**は、まさに**教師との対話・協働を通した評価**として特徴づけることができるのではないでしょうか。

子どもの自律的な学習と連動する評価

—誰のための評価か—

「評価」そのものを「学習」の一部として　－学習の並走者としての教師－

教育における「評価」とは、「教育活動の中で、どのような学びがなされたのか、どのような育ちが実現したのかを確かめることであり、また、その結果を教育的に活用すること」です。言い換えれば、本来的には、これまでの「評価」の考え方は教師の指導に生かすものであり、「指導の改善」に活用されるべきものであるといえます。

一方、二宮(2013)は、「指導改善＝学習改善」という構図を問い直し「指導改善≠学習改善」である前提に立って、**学習者の側から形成的評価論の枠組みを再考**することの必要性を提起しています。**形成的評価が学習者のための評価となり得ていないままに、教師の指導の改善だけを視野に評価が行われる**ことは、評価の機能が子どもの「学習」に連接しない点から、子どもの主体的な学習における**追究のダイナミズム**を保障するもの・繋がるものにはならないということです。また、目の前の子どもの個性的な学習の状況や文脈を排除して、「AならばBになる」という**演繹的な思考で学習改善の実現を最短距離で図ろうと教師が一方向的に子どもの主体的な学びを解釈・判断**しようとするならば、その評価は「学習と評価の関係を予定調和的に捉える」に過ぎないものとなって、**学習改善に向けて必要な思考の場を子どもに与えない(フィードフォワードしない)評価**にとどまることになるでしょう。このような「指導」と「学習」が連動することによって学習に還流する評価の必要性について、例えば、欧米で1990年代以降、形成的評価を学習者の視点から再考して指導改善のための評価からの転換を図ろうとする「学習のための評価(assessment for learning)」論が提起されています。主体的な学習と連動した国語学力の獲得を視野に入れるならば、子ども自身による子ども自身の学習に還流するための評価として機能するために、教師の新たな働きかけを伴った評価が求められることになります。

さらに、二宮は、評価が「学習改善」に機能するためには、伝達された知識を受動的に頭の中に蓄積する個人的な活動ではなく、共同的な問題解決の中で、自分の周りにある人や物との対話を通して主体的に知識を再構成するプロセスが不可欠である点に言及しています。この点は、先ほど述べた、**評価を子どもの学習へ還流させていくための教師の関与場面における子どもとの「対話」の重要性**であるといえます。ダン(2016)は、「学習のための評価」論を参考に、教師から子どもへのフィードバックのあり方に着目し、フィードバックがしばしば学習改善をもたらさない点を指摘して「教育と教師の優先課題に結びついた『強制的な対話』」の危険性を問うています。この点については、教師からの**フィードバック情報とフィードフォワード情報が、**

子どもの納得を伴って個々の子ども固有の学びの文脈に埋め込まれていくために、追究プロセスにおける教師と子どもとの「対話」としての評価のあり方に注視すべきです。ここでいう**「対話（conference）」**は一般にいう対話ではなく、「主体的な国語単元学習の学習過程において、教師が外から値踏みする評価ではなく、学習者の文脈と並走しながら、その児童の学習促進に還流することを大切にする評価」のための「対話」のことで、ポートフォリオ評価法において重視されている考え方です。「対話」としての評価の場面では、子ども固有の学習の文脈や状況を把握する教師の「みえ方」と、「対話」での出来事を児童自身が自らの学習の文脈に自覚的に還していくための「教師の関与」が特に重要です。したがって、子どもの自律的な学習と連動する評価は、教師から児童への一方通行で完結するものではないということになります。

「対話」は、**子どもと教師の協働作業としての評価**を実現するために注目すべき場です。それは、子どもと教師、あるいは子ども同士が、学びの意味の共有・確認・修正を語り合うことを通して、協働でより良い学びを創り出していくために意図的に評価を機能させる場となります。そこでは、「課題の遂行の具合」について自己評価し、他者から自分の学びの内容や方法に関わる情報が提供されることとなります。とりわけ、この「対話」場面で他者から提供される情報が、**学習主体である子どもにとって“必要なもの”としてどのように学習者である子ども側に内化されるか**が成否のポイントとなります。「主体的な学習のための評価」とするためには、くれぐれも、教師側に隠蔽した評価、子ども自身の自己評価に放任した評価は避けなければなりません。

例えば私は、兵庫県丹波市の小学校に勤務する熟達教師・村上智一教諭と共に、主体的な言語活動を設定する単元展開のプロセスで、「評価」と「学習」とを連接させる実践化を試みました。村上教諭は、子どもの学習過程に寄り添うために、次ページに示すワークシート（図13）を作成し、ここでの双方の記述を通して子どもとのやりとりを行っています。

作成にあたって、村上教諭は「この個人用の振り返りシートで、毎時の学びの振り返りを行わせて目的遂行に向けた自らの学習状況と、つまずきやこだわりの存在について表出させたい。」として、「子どもの学びの文脈と教師の関与・子どもとの往還を重視したい。」と述べています。つまり、教師はこのシートを通して子どもとの「対話」を行うことを意図しているということであり、この点は、シート上部の子ども自身による学習状況の捉えの記載部分と、シート下部の教師からのコメント記載部分とは、呼応関係として位置づいており、子ども側の学習改善への意識と、教師側の指導改善への意識とが乖離することのないよう、両者の関係性の間でワークシート上での綴りとして学びの意義や方向性が合意されていくということが重視されているということです。また、シート全体を単元展開の学びのプロセスとして児童が俯瞰できるように文言やレイアウトが工夫されており、「今、自分は目的に向けてどの位置にいるのか」を児童自身が意識することに配慮しています。

さらに、村上教諭はシートの形式について、「できるだけ子どもの学習の状況や困り感を把握できるよう、個人思考で一人学びする時間以外の時間に記入できるようにした。」「教科書の内容を中心として、個人で学ぶことが多い第２次までをステップ１として、調べ学習や学びを生かしてグループで考えることが多い第３次からをステップ２として、段階を分けて振り返っていけるようにＢ４サイズで2枚のシートにしようと考えた。」と述べています。このことからも、教師が単元プロセスにおいて変化する子どもの学習状況への意識を単元全体で継続的に捉え続けて「寄り添い」を大切にしようとしていることがわかります。熟達教師である村上教諭は、「振り返り」というメタ認知活動を単元内に時間的に保障し、それが子ども自身の自律的な学習改善に還流する契機になり得ると考えているのです。

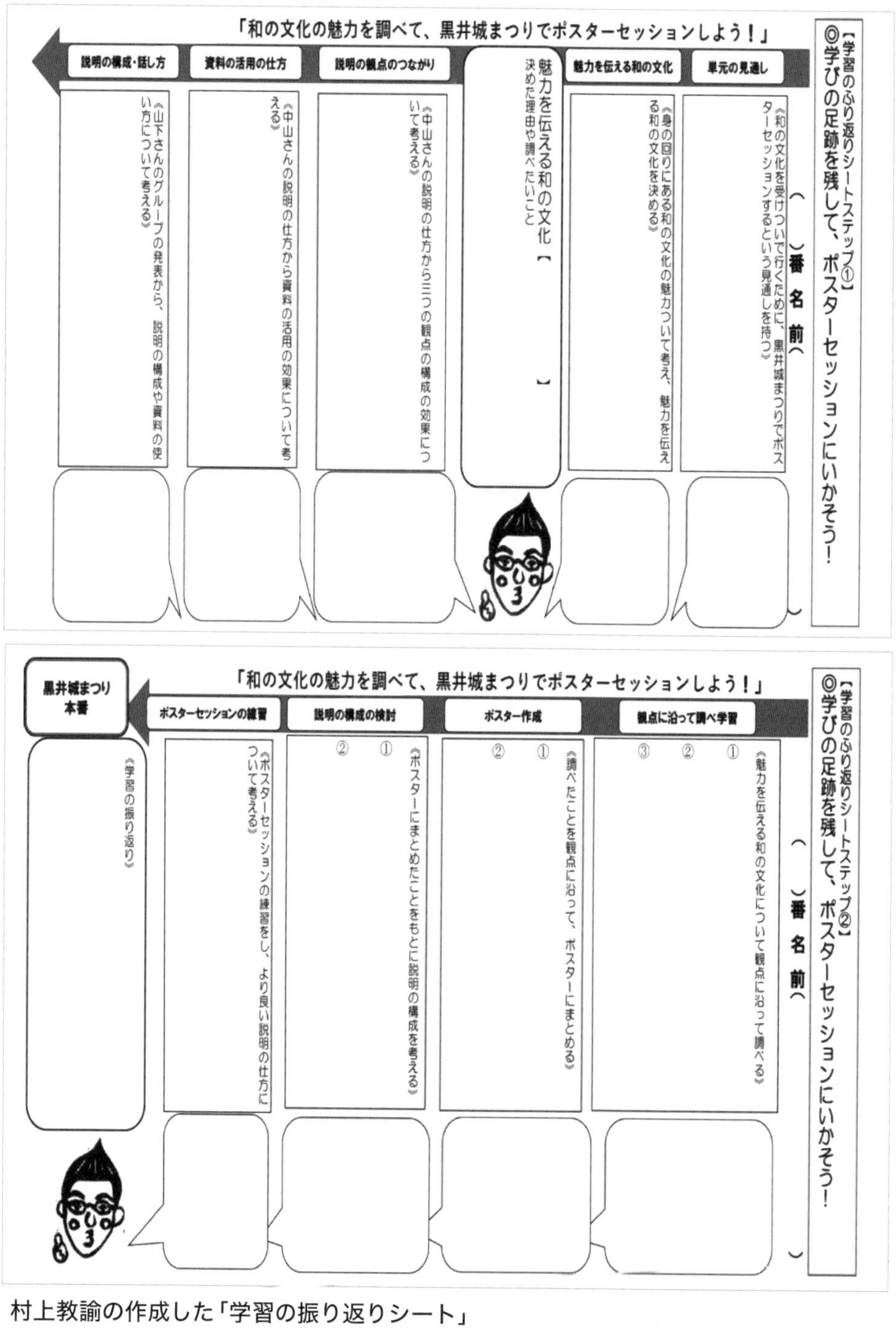

図13　村上教諭の作成した「学習の振り返りシート」

前提となる教師の「教育的鑑識眼」

国語科における子ども固有の言語経験の価値をひもとく評価は個別的であることから、「対話」としての評価の場は**子ども個々人の物語的成長に重ねた解釈をも内包する個人内評価の特質を持つ**ものであるといえます。このような評価は「羅生門的接近」によるものであり、心理測定学的な評価、客観化・数量化された測定評価が重んじられる「工学的接近」に基づく形成的評価とは異なります。それは、個々人には特有の偏りやバイアスがあることを前提にして多様な視点や立場からみとり、子どもと教師が情報を共有しながらプロセスを協働で改善していく営みを重視するものです。したがって、国語科における「読む・書く・話す・聞く」の評価においては、尺度、測定、客観性といった実証主義的方法に偏るのではなく、**子ども固有の学びの物語における事実の解釈、観察、洞察、理解といった人文学的方法を大切**にしたいところです。そのためには、教師が子どもを「質的に」どうみるか、という**みとりの力量**が不可欠となります。

このことから私は、主体的学習を保障する国語科の評価論においても、「指導」と「学習」との距離や接点をみとり、子ども固有の学習の文脈に還流させていくために、教師の「みえ方」として、教師の「鑑識眼」が非常に大切なものとなると考えます。

「教育的鑑識眼(Educational Connoisseurship)」とは、戦後アメリカの教育研究者であるエリオット・アイスナー(Elliot W. Eisner)によって提唱された教育評価論の中で語られる教師の能力であり、**子どもが見せる複雑で偶然性を潜めた活動の意味や価値を解釈し、臨機応変に適切な指導を行う**ために教師には不可欠な能力です。国語科においては、漢字の知識のように(できる・できない)が明確で量的評価が容易な学力のみならず、読解指導や表現指導のように、「よさ」や「深まり」「でき具合」の状況を質的に捉えて形成的に指導を重ねながら育成する学力が求められます。**主体的な国語科学習では、授業場面で見せる子どもの多様な言語表現の質の差異や、想定範囲を越えた突発的な発言の意味や価値を識別しながら指導を進める質的評価の力量**が必要視されるのです。

国語科の授業場面において、例えば「意欲が高まる」「読みが深まる」「表現力が豊かになる」といった文言で表されるような経験の質は、個々の子どもの学びの文脈上で、前段階よりも学びの価値が高まることであり、**個別性、履歴性、変容性**をもって語られる姿です。したがって、指導場面において言語活動の「質」を高めるためには、個々の子どもの**言語活動に並走**しながら、多様な**言語表現の質**を「鑑識眼」によって捉え、それに対して、「今、まさに働きかける契機」として**出《で》場《ば》となる「局面」**を察知することが前提となります。そして、その「局面」において、目の前の子どもにどのような**フィードフォワードの働きかけ**が必要か、そのために自らの指導のレパートリーの中から何を選択し実行するのか、まさに臨機応変に対応することが望まれるのです。それは、例えば、「励まし」「確認」「共感」「例示」「示唆」「意味づけ」「焦点化」等の評価言という、**言語活動の「質」を高めるための具体的な指導と一体化**するものです。「鑑識眼」は、授業の経験によって培われる教師の実践的な知識であるとともに、刻々と変化する授業場面において機能する教師の実践的な能力であるといえるでしょう。

1970 年代初めまでアメリカの授業は、授業の効率性を追究する科学的アプローチが強い影響を与えてきました。優れた授業の技術をいつでも、誰でも、適用できるような法則性を明らかにする考え方です。このような授業における科学的アプローチに対して、アイスナーは、授業における児童の経験の質を重視し、授業過程に着目して、そこで「何が起こっているのか」という意味を明らかにしようとする質的評価の力量が必要視されると主張したのです。

アイスナーは、教育目標の「明細化」という**合理的なアプローチは、本来「複雑でダイナミック」で予測不可能な授業の展開を硬直化、形式化させてしまう**危険性、授業における多様な事象の判断や児童を柔軟に見る目を制限してしまう危険性について指摘しました。この点は、アイスナーの質的な教育評価論が、教師に必要な専門的力量として、合理性や効率性、予測可能性を重視する立場よりも、**教育活動の複雑性、偶発性、可逆性、教師や子ども個々人の特性の存在を重視して、授業の固有の文脈において繰り広げられる事実を鑑識眼によって解釈**し、状況に応じて臨機応変に対応していく柔軟性と創造性を重視する立場に立つものであることを象徴的に示すものです。アイスナーは、授業において子ども個々人が、文脈によって多様な特質を有することを教師が自覚化し、芸術鑑賞やワインの味利きのように児童の経験の質を認識し、**多様な質の差異を識別できる技巧**をもつことを必要視したのです。

主体的な学習においても、個々の子どもならではの着眼や発想を認めながら、他者との交流を通して考えを深化・更新させていくことが求められます。このような課題解決に向かう子どもの個性的な接近を認めつつ、同時に教科としての力をつけていくためには、**教室の文脈の特殊性、子どもの認知の特殊性、教師の特性等の固有性・特殊性の下で、子どもの表れを質的に解釈・判断する教師の存在**が一層重要視されるべきでしょう。とりわけ、授業は、経験によって蓄積された「実践的知識」をもつ教師が、一人称で語られる児童の活動の姿の意味をon-goingに解釈しながら、その解釈に応じて適宜必要な指導を行っていく営みであり、一つの授業は鑑識眼が発揮された教師の個性的なみえ方の総体だといえます。したがって、**児童主体の創造的な活動のダイナミズム**の質を捉えるために、鑑識眼は教師には不可欠な力量であると言っても過言ではないでしょう。主体的な学習においては、その子どもらしい着眼や発想、考えや表現の仕方に寄り添い共感的に関与するために、確かな子ども理解と確かな教科・教材理解を背景にした教師のみとる力は根幹となります。それは、個々の発言への言葉かけや机間指導、学習過程の表現物のみとりや価値づけ等、授業での多くの具体的場面で反映することになる**「不易」の力量**といえるものです。

同時に、「『子どもの主体的学習』と『客観性・科学性な評価』との乖離」という課題克服に向けて、**「学習」と「評価」を繋ぐ**ための役割として、鑑識眼による評価がどうあるべきか。この点こそ、主体的な学習における教師の新しい「指導」にあたる力量になるものではないでしょうか。

コラム“そうだったのか”⑩

学びに並走する教師のすがた

子どもの主体的な学習に「並走しながら支えていく」とは具体的にはどのような教師のすがたをイメージすれば良いのでしょう。

ここで、総合的な学習のプロセスで、子どもの個性的な探究に寄り添う教師を参考に考えてみましょう。以下は、総合的な学習の探究のプロセスに設定した「対話:カンファレンス(conference)」場面において、教師が子どもとやりとりしながら行おうとした「評価:アセスメント(assessment)」としての特徴的な「指導」のすがたを分析した研究結果です。

子どもの追究活動が複線化し、興味・関心が多岐にわたるような総合的な学習の単元過程においては、教師の「ねらい」に対して、子ども自身の学びの状況がもたらす切実性であるところの「めあて」との間に「ずれ」を生じることが非常に多くなります。このような状況下で、前提として浮かび上がってきたのは、**「固有の文脈に下りる」という教師のすがた**です。主体的な学習では、その子どもの個性的な学びのストーリーに共感し同調し、視点を近くして子どもの学びに参加するという必然の働きとして非常に重要です。この教師の働きによって、多くの子どもとの「対話」における発言が活発化するという動きも見られました。このような教師のすがたは、**「アラインメント(alignment)=同調」**という要素であるといえます。また、そこでは、その時点の学習状況の問題点だけでなく、「ねらい」を達成できていること、児童が学習成果に満足感を得ていることについて、認め、励ましていく**「アプリシエイション(appreciation)=励まし」**という教師の「指導性」が断続的に存在していることも特徴として焦点化されています。一方、教師がその子どもの語る学びの状況にある「めあて」に共感的に理解を示しながらも、教師側の評価規準を背景にして、「問題点を解決するための糸口や補足を与える働き」や「子どもの発案した解決方法を強化し、意味づける働き」が示すような意図的な「ねらい」との関連づけを試みているすがたが特徴的な教師のすがたとして焦点化されています。これらの教師の働きは、それぞれ**「コンプリーメント(complement)=補足」「インタープリテーション(interpretation)=解釈」**という要素であるといえます。さらに、「今後の解決法を具体的行動の形で共有する」という**「ポジショニング(positioning)=位置づけ」**という要素も教師のすがたとして特徴的に見出されています。

この研究で対象となった担任教師へのインタビューで、教師は子どもと「カンファレンス」を行いながら、「まず対象の子どもの学びのストーリーを把握することに心を砕いた」こと、そして「その後何とかしてその子どもの文脈の中で、現時点のその子どもの学びの価値を位置づけ自覚化させようと試み続けた」ことを述べています。また、同時に価値づけることが「可能なのか」という困難性を感じながらも、子どもの表情や言葉をつぶさに観察しながら、その子ども自身が喜びを感じ得る部分を模索し続コラム“そうだったのか”⑩

学びに並走する教師のすがた

けた不安についても吐露しています。同様の質問をこの学級の単元プロセスに関与した他学級の教師についても実施したところ、「対象の子どもの学びのストーリーを把握することの限界性」を感じ、「教師の設定した評価規準の直接の提示」を覚悟しつつ、「妥協点としての支援」を求め続けたと述べています。

このことは、担任教師と子どもとの日常的な人間関係のつながりの深さと子ども理解が、教師の子どもの学びへの共同参加の意思を強固に持続させ、ねばり強く子どもと対話をしながら最大限の手段を提示し得る構えを形成させたものといえます。

この研究から、**主体的な学習である総合的な学習における教師の「指導」が子どもの学びに効果的に働くものとするためには、教師の子ども理解と共感的な姿勢を伴う良好な両者の関係性が前提として不可欠**であることがわかります。それは、主体的な学習に並走する教師によって行われる臨機応変な指導が、子どもの固有性に寄り添うという意味において、「**コンサルテーション（consultation）**」と呼称されるものとして、**相談機能の重要さ**を呈しているといえるでしょう。特に、主体的な学習の典型である総合的な学習では、単元が複線化し、子どもによる多様な追究に複数の教師が対応していく方策をとる場合が多いことから、各教師の担当する子どもに関する日常的で多面的な子どもに関わる情報交換を教師間で可能な限り行い、単元における個々の子どもの学びの固有性について把握しておくことは必要なことといえるでしょう。

ある熟達教師の「学習」への寄り添い ―鑑識眼の多面性、総合性、可動性―

私は、主体的な言語活動を設定する単元展開のプロセスで、熟達教師が「評価」と「学習」とを連接させることができた場面での鑑識眼の特徴について研究を行いました。そこでは、次のような子どもの捉え方・鑑識眼の特徴が浮かび上がってきました（**表3**）。

第一に、**教師が児童をどうみるか、ということの「多面性」**です。

①では、「『話題内容』か『能力』か」「理解の程度差」「つまずきの質や程度」といった**視点差や程度差の軸**、②では、「経緯」「変容」「成長」という**時間軸**、⑥では、「他者との関係」という**関係軸**、⑧では、「『授業におけるエピソードのミクロな把握』と『日常生活における成長のマクロな把握』」「『想定内』と『想定外』」といった**視野軸**など、熟達教師の子どもをどうみるかという鑑識眼は多面的・多角的であり、解釈・評価の軸は、可変的、可逆的なものでした。主体的な国語学習の特徴としての子どもの興味・関心への対応、活動の複線化、活動の総合性等に伴う子どもの追究プロセスの固有性、物語性、突発性に対応するためには、「～でなければならない」「～であるはずだ」「必ず～になるはずだ」と固定的に子どもを捉えるのではなく、子どもの学びの状況を多面的に捉える教師の臨機応変性・即興性が不可欠な力量として求められることになるということです。

第二に、**育ちをどう捉えるか、という視野の「総合性・全体性」**です。

⑦に焦点化された国語学力の「周辺」の様相への熟達教諭の目配りは、「他者と協働する力」や「学習を進めていく力」をも「学力」として捉えようとしているということです。単元を展開する熟達教師は、子どもの学びを国語科の技能として「できる」「できない」のみで単層的に捉えるのではなく、**子どもの全人的な育ちにまなざしを向け**、その子どもの総合的な成長の物語に丁寧に寄り添おうとしているのです。

第三に、**学力育成のタイミング・スパンの「可動性・可変性」**です。

⑤の「単元を通して力をつける」という熟達教師の考え方は、ある「ねらい」に対して指導機会は1回きりで終わるのではなく、本時後も単元を通した多様な活動の中に伏流して何度か指導の機会は存在するという考え方です。それは、毎時間に漏らさず力をつけなければならない、という硬直した分断的・断片的なものではなく、一連の学習活動の**プロセス全体で総合的・全体的な視野で学力の育成を見ていく**ものであり、子どもの**状況に応じて育てる時期やタイミングを組み替えたり、子どもの学びの状況に応じて目標を緩やかに変化させたりする、可動性・可変性のあるもの**だといえます。したがって、熟達教諭にとっては、④のような、意図的にすぐに改善指導を施さない子どもの状況の「見守り」や、試行錯誤や停滞状態に対して「待つ」ことも、子どもの育ちを支えるために必要であるとしています。このような「単元を通して力をつける」という学力育成の考え方は、子どもの学びの文脈を把握した上で責任を持って寄り添う教師のすがたであるといえます。

主体的学習では、全員が同じ内容を、同じ方法で、同じ回答をなぞりながら進めていくものではなく、個々の発想や活動の多様性、物語性、複雑性の存在を尊重することに他なりません。

熟達教師に見られる**教師のみえ方(鑑識眼)の多面性、総合性、可動性は、主体的な学習における子どもの活動や表れの多様性、物語性、複雑性に対応するために、教師には必要な力量**であることは間違いありません。主体的な学習の機運が、深まり無き活動への放任に陥らないためにも、これらをジェネラリストとしての教師の専門性として、日常のさまざまな教育活動の中でも取り上げ研鑽・涵養していくことが大切だと思います。

表3　学習への還流を実現した熟達教師の鑑識眼の特徴

	特徴	概要
①	視点の多様性と視野の広さ	国語学習としての価値に視点の重心を置きながらも、幅のある見方、児童の活動の意味を「能力」として解釈するか「話題内容」として解釈するかの差異、理解の具合やつまずきの質や程度についての差異、等を加味して識別する。
②	現在の児童を時間軸で意味づける	一律に国語学力の定着に直結したものではない。むしろそれぞれの児童の日常的な育ちを起点にした時、現時点での表れを個人内の「経緯」「変容」「成長」として肯定的に解釈し、学級経営的視点を内包させる。
③	児童のメタをさらに高次にメタ化	1:教師が児童の学習状況をどうみたか、2:児童が自らの状況をどうみたかを教師はどうみたか、3:1と2の鑑識眼を調合しながら、児童が学習に還流させていけるようにどう関与するか、の3段階としてメタ化を図る。
④	あえて意図的に「見守る」	児童の学習状況の不十分さを見届けているにも関わらず、あえて即座に補填・改善を図る指導を実施せずに、教師の意図的な関与の一形態として「見守る」姿勢を保持する。
⑤	単元を通して力をつける	学力を細分化、分節化し、詳細なチェックポイントで学力保障するのではなく、主体的活動を前提として目的的な多様な言語活動を配置すれば、必要な学力、不足している学力の獲得や改善の機会は一度きりではないとして、指導機会を伏流させる。
⑥	同時並行的・複眼的な見方	単元プロセスにおける児童個々人の学習状況の解釈にあたって、児童単独の姿を現在の定点位置で捉えるだけでなく、成長の時間軸、他者との関係の関係軸で複眼的に解釈を行う。個の育ちを見つつ集団内での個を見る。
⑦	単元学習で育つ多面的学力への意識	国語科で育てる学力に関わる児童の姿を捉えることだけでなく、言語活動のプロセスで「他者と協働すること」や「学習を進めていくこと」等、国語学力の「周辺」の様相にも意識を向ける。
⑧	個別化・複雑化の状況下での「寄り添い」	個別化・複雑化する単元プロセスで、児童固有のエピソードのミクロな把握と、言語生活における育ちのマクロな把握の二側面から接近。活動展開に一定の「想定」と実際の「想定外」の表れから、可変性や臨機応変性を踏まえ児童に対応する。
⑨	児童の「わかり」のあり方	国語単元学習は「学んだことを自分で活かしていく単元」。「自分でわかっていくこと」「自分でつくっていくこと」が前提として、学習への還流を行うのは最終的には児童自身なのであり、そのための「契機」と「方法」を見極め意図的に関与する。
⑩	国語学力の「育ちの見届け」	単元プロセスの表れは、言語運用のあり方を思考・判断してきた結果であり、教師がある時点の児童の言語活動の質をみとり、向上のプロセスに関与してきた結果。量的分析と事例的局面を解釈する質的評価の双方を駆使し、児童の育ちを見届ける。

コラム“そうだったのか”⑪

若手教師と熟達教師のみえ方の違い

教師の専門的力量としての「教育的鑑識眼（Educational Connoisseurship）」は、子どもが見せる複雑で偶然性を潜めた活動の意味や価値を総合的・即興的に解釈し、臨機応変に適切な指導を行うために教師に不可欠な能力です。とりわけ、授業は、固有の子どもの活動の姿の意味をon-goingに解釈しながら適宜必要な働きかけを行っていく実践的な思考の連続であり、**一つの授業は「鑑識眼」が発揮された教師の「みえ方の総体」**であるといえます。

このような「鑑識眼」は、本来、熟達教師と若手教師とが日常的なコミュニケーションを通して無意識に共有・継承してきた経験的な力量でありました。しかし、近年、熟達教師が大量退職し、若手教師が急激に増加していく過程で、専門職として子どもを質的・総合的に捉える能力が十分に涵養されないままキャリアを深める教師が増加し、子どもの複雑な問題状況に対応する力量が低下する危惧が生じてきたのです。

私は、授業研究における熟達教師と若手教師との「鑑識眼」の相違、つまり、同じ子どもの事実に対する熟達教師と若手教師との「みえ方」の違いに着目した研究を行いました。そこでは、若手教師に比べて熟達教師には下の図表の4つの「みえ方」の特徴が見出されました。

このような「みえ方」の違いは、教師の経験知や実践知の積み重ねによって異なるものですし、今後も変化していくものであるといえます。**主体的な学習においては、言語運用の「質（程度や具合）」をみとるための質的評価力としての鑑識眼が不可欠です。学習に並走しながら子どもの学びの意味や価値を的確に評価して返してやるために、**教師自身の「みえ方」としての力量形成を、授業研究を通して意図的に図っていくことが必要でしょう。

熟達教師の『鑑識眼』の特徴

特　徴	内　容
重層的な解釈	ある事実を同時にできるだけ多様な複数の視点から解釈しようとする
関係的な解釈	ある事実を他の事実と関係づけて解釈し、新たな意味を見出そうとする
価値的な解釈	ある事実を学習目標や教育的なねらい・願いに照らして解釈しようとする
物語的な解釈	時間・場所・対象が異なる複数の事実を文脈化し、事実を児童固有の成長の物語の一部として解釈しようとする

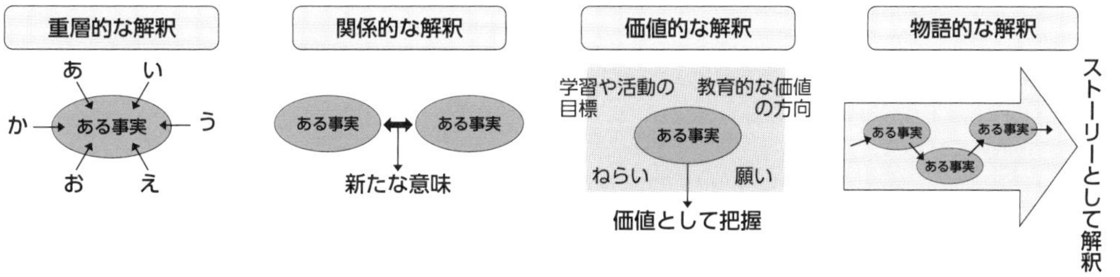

自律性を促す教師の働きかけ
―いつ、何をするのか―

「見通し」「振り返り」の時間を保障する―モニタリングとコントロールへの促し―

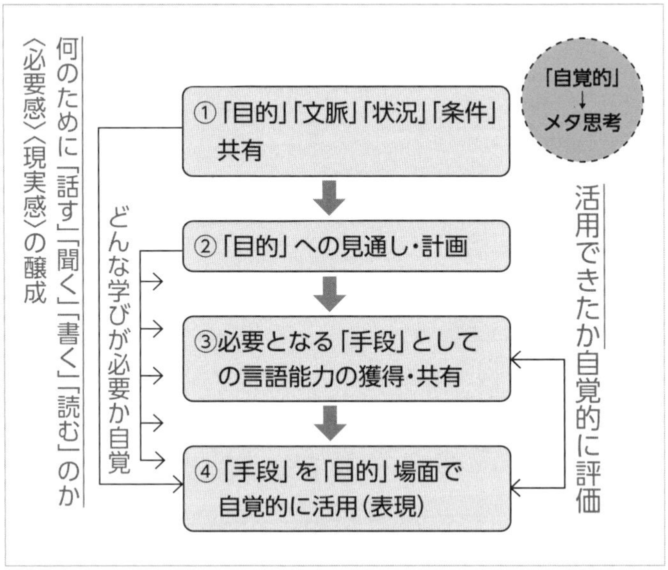

図14　単元全体を目的的にデザインする

第3章では、主体的な学習を促進するための教師の働きかけ(指導)として、単元をデザインすることの大切さをお話しました。**「単元をデザインする」力量**とは、子どもの思いや願い、学力の実態や学習状況に応じて単元全体を柔軟に修正しながら目の前の子どもにとって価値ある学習活動を組織していこうとする教師の創造的な力量です。

すなわち、主体的な学習においては、「1時間の授業観」だけでなく確かな「単元観」を持ち、一連の活動展開に内在する学びの意味や価値を子どもに公開し共有するような教師の存在が前提となって、子どもが自らの学習の状況や改善の見通しを**メタ思考する活動を「指導」する**ことが求められます(図14参照)。メタ思考する活動として、**「見通しをもつ活動」や「振り返る活動」を単元計画のプロセスに明示的に位置づける**のです。課題解決に際して、最終的に何がどうできれば「うまくいった」と言えるのか、そのための追究のプロセスで何をどのように獲得していくことが必要なのか、について、主体的な学習においては、子ども自身が自覚しながら進めていくことが重要です。とりわけ、私は、「教師は知っている」「子どもも知っている」とそれぞれが別々の状態で自覚する状態ではなく、教師と子どもが**対話的関係の中で「納得・共有」**していくことが大切ではないかと考えます。

さらにここで、単元のプロセスで「学習のための評価」すなわち、主体的な学習へ還流する「評価」の具体についてさらに詳しく考えてみましょう。

次ページ図15に示すように、主体的な学習における課題遂行の状況をメタ認知する活動を単元の3つの局面(phase)で考えてみましょう。単元を通して言語活動を遂行する**「事前段階」、**

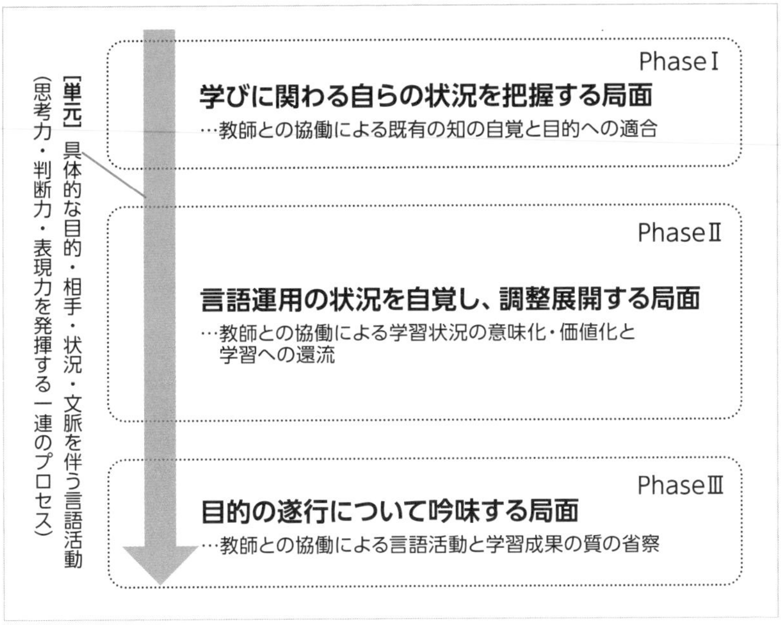

図15　学習に還流するための「評価」を位置づける3つの局面

「遂行段階」、「事後段階」におけるメタ認知の内容に着目して、プロセスでの学習と連動する評価のあり方を検討します。すなわち、これまでの自らの学習の歩みを「振り返ったり」今後を「見通したり」する評価場面を、それぞれの局面の中に明示的に位置づけ、その結果が子ども側の学習に活用されるようにするのです。このことによって、活動展開は一方通行ではなく、時に停滞したり、少し後戻りしたりするようなこともあるでしょう。

学習者である子どもが具体的に**「何について」「何のために」見通したり振り返ったりするのか**については、**次ページ表4**を参考にしてみてください。教師は、子ども自らが学びの状況を捉え、よりよく修正しながら自己調整的に歩みを進めるプロセスとするために、**「モニタリング」と「コントロール」**の2つの観点から「評価」を促します。表内①から⑰の観点から具体化した名辞群は、子ども自身、あるいは、他者との「対話」の中で、自らに問うための「振り返りの視点」として想定するものです。ただし、これら全てを**網羅的に振り返るのではなく、あくまで学級の子どもの実態や願いを熟知する教師が、その時の子どもの学びの文脈に必要だと判断したものを選び、評価場面の自己評価や他者との「対話」の中に位置づけて**みましょう。これらは、新しい評価の観点「主体的に学習に取り組む態度」の評価を考える上で、手がかりとなるものと考えます。

特にここで留意したいのは、子どもの「学習」に寄り添う並走者として、「評価」と「学習」とを繋ぐために、振り返りをした内容に対して**教師が必ずその子どもの学習状況に関わるフィードフォワードの言葉かけを返してやる**という点です。短い一言でも構いません。対面での言葉かけ、赤ペンでの言葉かけのいずれの場合でも、共感的・相談的な評価言としてどの子どもの学びの文脈にどのような言葉を返してやれるかです。**「学習のための評価」は、人間教師として、日々の子どもの固有の成長の物語にまなざしを向ける「鑑識眼」が問われる**のです。

表4　学びのプロセスで自己調整を促す「振り返り」の視点

		Phase I	Phase II	Phase III
A モニタリング	ア 課題	**①課題の困難度** ・学習課題としてふさわしいか ・学習課題について何が難しそうか **②課題達成の可能性** ・今回の学習課題は解決できそうか ・現在の力で課題達成は可能か	**③課題の困難度の再評価** ・学習課題は追究に適しているか ・学習課題の難易度は適切か ・自分にとって難しすぎないか ・自分には易しすぎるものではないか	**④課題達成度** ・課題は解決できたか ・どの程度達成できたか ・どの点がうまくいったか ・達成できなかった点は何か
	イ 状況	**⑤既習内容** ・これまでどんな学習をしてきたか ・これまで何ができるようになっているか ・これまでの学びを今回活かせそうか	**⑥遂行や方略の点検** ・解決に向けて順調に進んでいるか ・今の状況のまま進めてよいか **⑦予想と実際のずれ** ・当初の想定とは異なる状況か ・思っていた通りに進んでいるか	**⑧成功失敗の原因** ・うまくいったのは何が良かったのか ・うまくいかなかったのはなぜか ・その原因は何によって発生したか
B コントロール	ウ 目標	**⑨目標の設定** ・今回は特にここにこだわりたい ・新たにこれができるようになりたい ・今回こんな点を克服したい	**⑩目標の修正** ・新たな目標を設定してみたい ・克服点をこう変更追加したい	**⑪次回への目標再設定** ・次はこんなことを頑張りたい ・今回の結果を受けて次回はこうしたい
	エ 計画	**⑫段取り・時間配分** ・この進め方でやっていこう ・時間配分をこのように判断した ・今回～と一緒に取り組んでみよう	**⑬計画の修正** ・手順をこのように変更してみる ・時間の配分をこう変更してみる	**⑭次回への再計画** ・次回に向けて計画を立ててみる ・次は～と協働して進めたい
	オ 方略	**⑮方略の選択** ・今回はこのやり方で進める ・試しにこのやり方でやってみよう	**⑯方略の変更** ・別のこんなやり方に変更してみる ・異なる方法を探ってみたい	**⑰次回への方略再検討** ・次回は方法を変えてみよう ・次回うまくいくために今回のやり方をこう変えたい

評価における教師の位置の再考

以上述べてきたように、子どもの主体的な言語運用力を育てる国語科学習では、子どもの学習に還流する「学習のための評価」を実現するために、**これまでの教師の位置を見つめ直す**必要があるのではないかと考えます。それは、【〈教える－教えられる〉関係性を前提に、教師側に隠蔽された到達基準によって判定される評価（次ページ図16）】、【教師から特権的に提供付与される評価の観点・基準によって強いられる自己評価（図17）】から、【**学びと並走する教師によって相談的に支えられながら学習者が学習達成を目指す評価**（図18）】への転換です。そこでは、「評価への学習者の参画」、および、「学習者と教師との協働としての評価」として、「学習に還流する評価」という新しい評価論が検討されるべきです。言い換えれば、それは、**評価を指導と直結させるのではなく、評価を学習に直結させるための教師の位置・役割の見直し**を意味するものです。

　それは、教師が子どもの**学習の外側**に立って評価を行うのか、**学習の内側**にあって子どもと並走しながら行うのか、という立ち位置の変化が求められるということです。教師側からの一方的な「外からの評価」による、学習との乖離や、言語活動の総合性・複雑性に乗じた印象評価・学力の軽視に陥らないことが大切です。そこでとりわけ大切なことは、学習者自身が自律性をもって言語運用の改善を図っていくための評価、すなわち、教師による「指導」と子どもによる主体的「学習」を接続する「学習のための評価」を成立させるために**必要な教師の働きかけを伴う**という点です。この教師の働きかけは、決まった方法・技法を授業の文脈に関係なく外側から適用するものではありません。固有名をもつ個性的な子どもと教師が、言語運用のプロセスに生まれる具体的な出来事を、どう解釈し、学びの文脈の中でその事実をどう判断したのかという教師の「鑑識眼」が根拠となります。

　主体的な学習における教師の「鑑識眼」は、**子ども自身が自らの学びを見通したり振り返ったりしながら自己調整しようとする姿をどうみるか**、という点で十二分に発揮されることになります。ただ単に子どもの学習内容・学習状況を漠然と見るのではなく、**子どもが自分の学習状況をメタ認知したり自己調整を図っ**

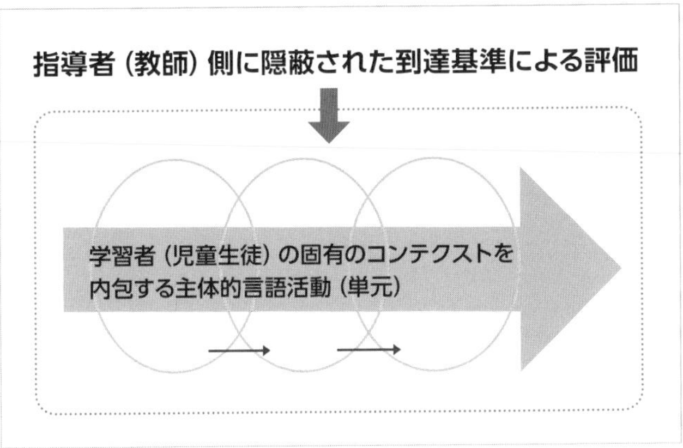

図16 言語活動に対する教師側で隠蔽した評価

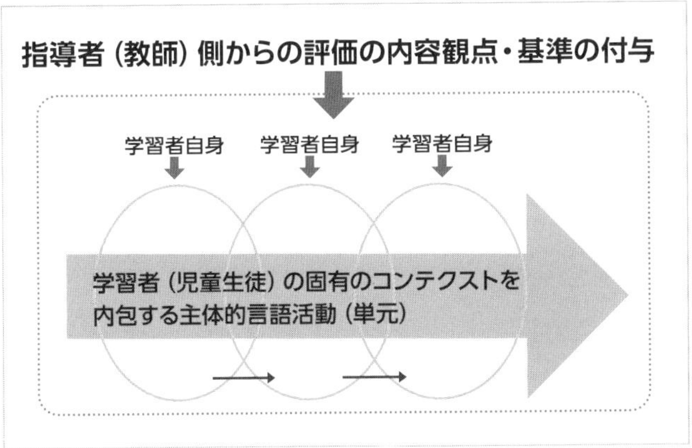

図17 付与された観点・基準による児童生徒による評価

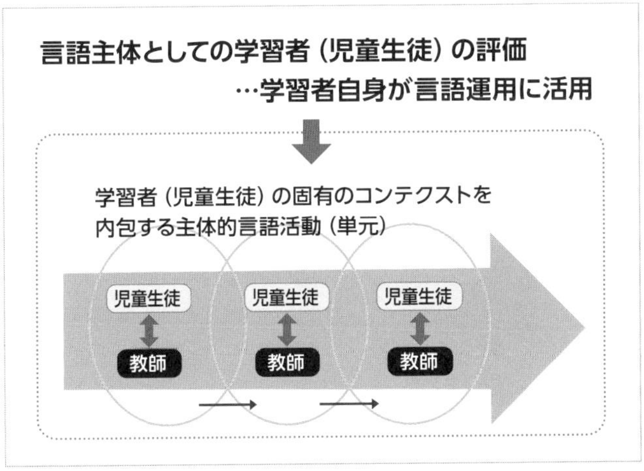

図18　相談的に並走する教師との「対話」を通した協働的な評価

たりしていることの意味や価値を、子ども固有の学習の文脈に関連づけてみとることがとても大切なのです。つまり、[①教師が子どもの学習状況をどうみたか]→[②子どもが自らの状況をどうみたかを教師はどうみたか]→[③これら①②のみとりを融合しながら、子どもが学習に還流させていけるようにどう関与するか]、の3つの段階です。(**図19**参照)

このように、主体的学習の評価が「教師のため」ではなく「子どもの学習に還流するため」のものとして機能するには、これまでの、「子どもの学習する(学習した)内容の是非への注力」だけではなく、子ども自身が現在の学びの状況を意味あるものとしてどう自覚し、子ども自身の意志として自らの学習の文脈上にどう位置づけていくのか、という**「子どもの自律に対する教師の注力」**が不可欠なのです。その際、決して教師からの一方的な押しつけとしてのフィードフォワードでなく、子ども自身の納得と前向きな決断が伴う形で自覚される対話的・相談的な働きかけであることが大切です。言い換えれば、主体的な学習における「自律性」は、**放っておいても自分一人で判断できる、という自己に閉じられた内省的思考ではなく、刻々と変化する状況の中で、他者との意見交換を通して調整の必要性を判断し、他者・社会と共振・共鳴しながら納得のいく歩みを進めていく社会・他者にひらかれた内省的思考**として育てていくべきではないでしょうか。

「主体的に学んでいく」ことに寄り添っていこうとする姿勢は、教師の「教える」という行為の問い直しに繋がるものであるといえます。**「内容を教える」という従前の教師の役割に加えて、子ども主体の国語科学習において、「どう学んでいけば良いかを教える」という自律性を促す指導性**が必要視されるのです。

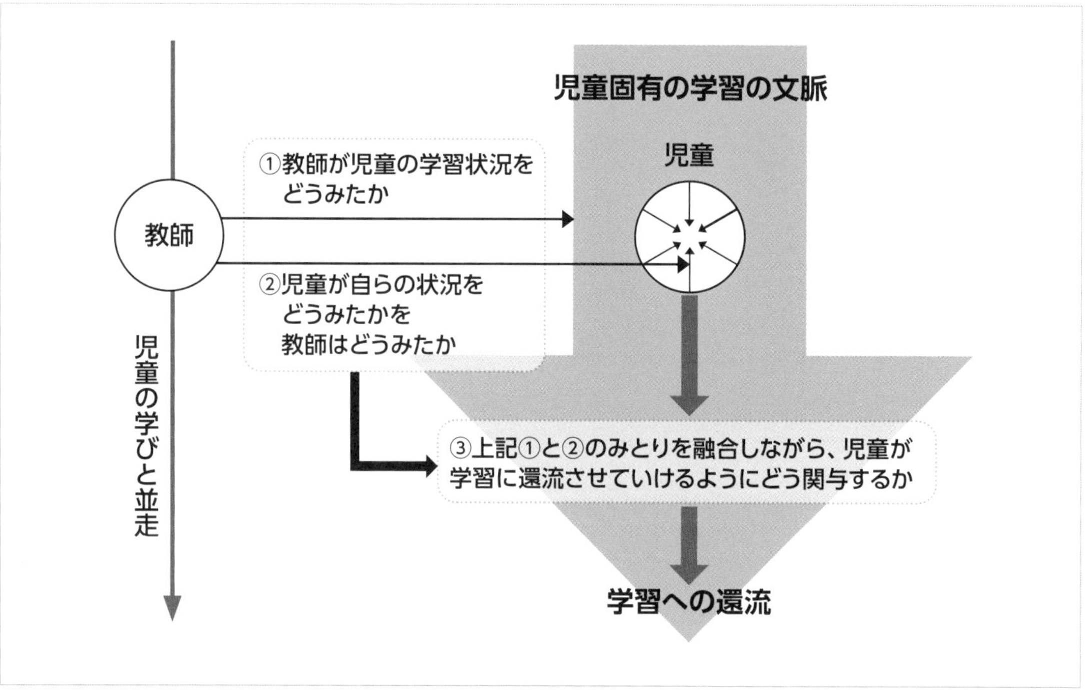

図19「子どものメタ認知」の意味をみとる教師の鑑識眼評価の3 段階

「学習のための評価」から
assessment for learning
「学習としての評価」へ
assessment as learning

本書では、ここまで、主体的な学習、とりわけ子どもが目的に向けた自らの言語運用の仕方を自覚的に吟味しながら展開する国語科学習に焦点を当て、子どもの「主体的な学習のための指導」「主体的な学習のための評価」を考えてきました。

それは、これまでの教師の「指導」とは一線を画す、「『内容』を教えるから『学び方』を教える」「どうすればできるようになるかを教える」「『深まり方』『深まっていく自分』に気づかせる」という教師の役割であり、そこでは《できたか・できなかったか》を学びの外側から判定値踏みする「評価」ではなく、**子どもと共に学びの内側に立ち、学びの物語と並走しながら子どもの「自律(autonomy)」へ注力する教師の「指導」**が重要になるということです。

さらに、主体的な学習における教師の「評価」は、**子ども側の「学習」の促進に還流**するものであり、それが子どもにとって**価値あるものとして自覚的に自らの学習に取り込まれる**ことが必要です。このような、**「学習のための評価(assessment for learning)」**については、二宮(2013)が1990年以降のイギリスでの形成的評価を見直す新たな評価論の地平を拓く動向として紹介し、対話的な学習評価が、学習者一人ひとりに応じた指導改善を可能にするものであるとともに、学習者の自己評価・自己調整力を育み、**学習者が自らの学習改善を図り学習の自立を支えていく効果的な評価方法**として期待されると主張しています。この点に関わって、高瀬(2015)は、形成的評価における教師と子どもとの対話の重要性を指摘し、そこでは、自己評価を更新し、自己主導性を発揮できるよう教師が誘うことが大切であると述べています。また、高瀬(2021)は、**「学習の評価」と「学習のための評価」を区別する必要性**について指摘し、〈信頼〉の関係性の上に、教師が学習者を「看破する」ことを踏まえて学習者に必要なフィードバックをしっかりと提供していくこと、また学習者に適切にフィードバックの受け取り方を教え、それがしっかりと受け取ることができるように手助けすること、の必要性を論じています。

すなわち、**主体的な学習に還流する評価**とは、子どもと教師との〈信頼〉のループのもと、子どもの学びに並走しながらの確かな鑑識眼と、子どもの主体的な学習の促進に資するための具体的で明示的な指導によって実現するものだということです。そして、そこで何より不可欠なことは、**子どもが納得してその評価を自らの学習に自覚的に連接できるよう、対話的・相談的にいかなる働きかけを行うか**という点に集約されているように思います。鑑識眼の[多面性][総合性・全体性][可動性・可変性]に支えられた教師との対話を通して、子どもの個性的な学びは、自律的な物語として紡がれていくのです。

このように、主体的な学習においては、**教師の指導改善（「指導のための評価（assessment for teaching）」）においてみられた教師側に隠された評価から、子どもの主体的な学習に還流する「学習のための評価（assessment for learning）」に転換**することが必要であり、そこでの**「指導」は自律的な学習への還流のためにこそ行われるべき**です。また、この「指導」と「評価」の循環が本当に子どもの納得のいく自分の学習のためのものとなった時、それは**「学習としての評価（assessment as learning）」**として、子どもの内面において教師からの指導と評価と学習は一体化するものになるのではないかと思います。

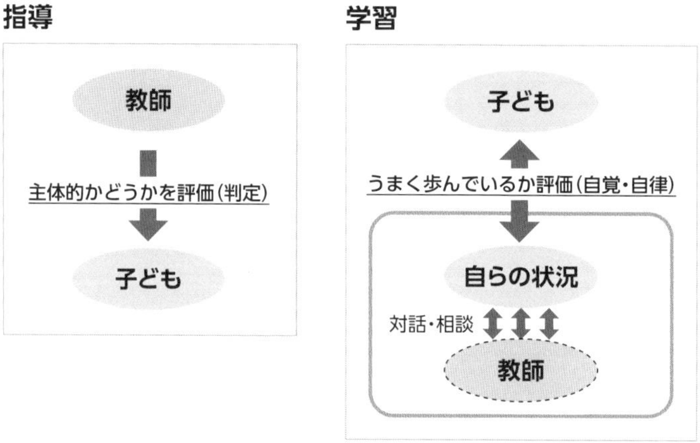

「先生に結果を評価される」というよりも、「途中途中で先生の力を借りながら、状況を評価しながら歩みを進めていく」ために、単元展開の中に**学習活動として「評価」場面が内包される**のです。単元展開のプロセスで、大好きな先生からのコメントや示唆を自らの学習に生かせるか・どう生かすかを熟考し判断しながら歩みを進めていく子どもの姿です。素晴らしいことと思いませんか？**「主体性」や「自律性」は、他者との関係の中で自らの位置づけを問い直すところにこそ生起するもの**だということです。

「学習のための評価」「学習としての評価」は、決して合理的・効率的なhow-toだけで対応できるものではありません。ツールさえ与えれば主体的な学習は保障されるというものではないのです。人間教師として、目の前の固有名をもつ子どもの個性的な歩みの物語にまなざしを向け続けること、それを意味あるものとして捉えることができる鑑識眼が必要となります。さらに、個々の子どもの個性的な歩みはどれも尊いものであり、子どもと共に教師自らも学び、支えていくべきものであるという**真摯な教育観・子ども観・学習観が前提**となります。本書に興味を持って読んでいただいたあなたには、必ずそれができるはずです。

【参考・引用文献】

・田中耕治「教育目標とカリキュラム構成の課題ーブルームとアイスナーの所説を中心にしてー」『京都大学教育学部研究紀要』第28巻、京都大学教育学部、1982、pp.101-113。

・Eisner、E.W.、Educational Connoisseurship and Criticism:Their Form and Functions in Educational Evaluation.In:Eisner、E.W.、The Art of Educational Evaluation、1985、pp.135-150。

・鶴田清司「E.W.Eisnerの教育評価論の検討ー『教育批評』（“educational criticism”）の概念と方法を中心にー」『東京大学教育方法史研究・教育方法学研究室紀要』第3集、東京大学、1986、p.131。

・松下良平「教育的鑑識眼研究序説ー自律的な学びのためにー」天野正輝編『教育評価論の歴史と現代的課題』晃洋書房、2002、p.213。

・勝見健史「総合的な学習の評価における『臨機応変な指導』の意義—ポートフォリオ評価法の『カンファレンス』場面を手がかりにして—」『日本教師教育学会年報』第12号、日本教師教育学会、2003、pp.68-79。

・田中耕治『学力と評価の“今”を読みとく』日本標準、2004、pp.56-60。

・桂直美「E・アイスナーの「教育的鑑識眼と教育批評」の方法論ー質的研究法としての特徴ー」『教育方法学研究』15、筑波大学人間系教育学域教育方法学研究室内教育方法研究会、2006、pp.57-72。

・勝見健史「授業研究を通した教師の『鑑識眼』育成の意義ー小学校国語科2年『ニャーゴ』の実践を手がかりとしてー」『京都ノートルダム女子大学研究紀要』第37号、2007、pp.45-58。

・三宮真智子『メタ認知ー学習力を支える高次認知機能ー』北大路書房、2008。

・勝見健史「小学校教師の『鑑識眼』に関する一考察ー熟達教師と若手教師の授業解釈の差異性に着目してー」『学校教育研究』No.26、日本学校教育学会、2011、pp.60-73。

・松下佳代「パフォーマンス評価による学習の質の評価ー学習評価の構図の分析にもとづいてー」『京都大学高等教育研究』第18号、2012、pp.75-114。

・勝見健史『ポートフォリオを活用した小学校教員の「鑑識眼」育成プログラムの開発』平成22年度～24年度科学研究費補助金（研究課題番号22530918基盤研究（C）一般）研究成果報告書、2013。

・二宮衆一「イギリスのARGによる『学習のための評価』論の考察」『教育方法学研究』第38巻、日本教育方法学会、2013、pp.97-107。

・高瀬裕人「『読むこと』における学習者の<理解>についての<形成的評価> ー <カンファランス>に関する検討を中心にー」『国語科教育』第78集、全国大学国語教育学会、2015、pp.45-52。

・Ruth Dann、Developing understanding of pupil feedback using Habermas'notion of communicative action、Assessment in Education:Principles、Policy & Practice、vol.23、 No.3、2016、pp.396-414。

・勝見健史「戦後国語単元学習における評価に関する一考察ー倉澤栄吉の評価論と学校教育現場の実相ー」『早稲田大学国語教育研究』第37集、2017。

・勝見健史「戦後国語単元学習における評価の実相ー神戸大学附属小の元教員へのインタビューを手がかりとしてー」『国語教育史研究』第17号、国語教育史学会、2017、pp.66-80。

・勝見健史「『鑑識眼』による国語単元学習の動的な評価」『月刊国語教育研究』No.582、日本国語教育学会、2020、pp.42-49。

・高瀬裕人「〈信頼〉を核とした読むことの学習評価ーJennifer Scoggin & Hannah Schneewind (2021) Trusting Readersを手がかりとしてー」『第141回全国大学国語教育学会世田谷大会発表要旨集』、全国大学国語教育学会、2021、pp.343-346。

・石田智敬「ロイス・サドラーによる形成的アセスメント論の検討ー学習者の鑑識眼を錬磨するー」『教育方法学研究』第46巻、日本教育方法学会、2021、pp.1-12。

第4章のポイント

- 主体的な学習では、「誰のための」「何のための」評価なのかを問い直そう。
- 「学習論」と「学力論」が乖離しないよう、「力をつける」ことが主体性を減退させないようにしよう。
- 自らの言語運用のありようの評価を、言葉の使い手の主体である子ども側に委譲してみよう。
- 「評価への学習者の参画」と「学習者と教師との協働としての評価」を目指そう。
- 個々の個性的な学びの状況・文脈（物語）を、鑑識眼で質的に捉えよう。
- 子どもの「自律性」を促す働きかけとして、「評価」を位置づけよう。
- 「評価」を「主体的な学習」の一部として位置づけよう。
- 他者・社会との対話を通して共鳴・共振しながら歩む自律性を育てよう。

さくいん

おわりに

　子どもの成長がそれぞれのかけがえのない一つの物語であるように、「学び」は教師と子どもの生きる日々の教室の中で紡がれていきます。そこには決して「うまくいく」ことだけではない「つまずき」「後退」「停滞」が生じ、それらは意味ある必然の出来事として物語の中に織り込まれていきます。

「子どもの主体的な学習を重視する」ということは、すなわち、教師が子どもの個性的な物語の存在を認め、それらにまなざしを向けて寄り添うということを意味します。それは決して楽なことではなく、「こうすればうまくいく」「これを使えば必ずできるようになる」といった合理性や効率性とは一線を画した手間のかかる継続的な営みです。この点を看過すると、必ず子どもが見えなくなります。ふと気がつけば「『方法』や『ツール』の是非や有用性ばかりを見て、子どもを見ていない」ということに陥らないように、子どもの具体的な姿を通して「どのような学びが起きたか」という子どもの姿、「どのような学びを起こしたか」という教師の姿を、授業という固有の物語の中で検証することが極めて大切だと思います。

　固有名の一人称で語られるある子どもが、ある教師の助けを借りながらどのように自分らしい歩みをしたのか、主体的な学習で重視されるこの点を実現することは、まさに「人が人によって学ぶ」教育の本質であり、だからこそ、教師は年齢や経験に関わらず、「方法」だけではなく、人として子どもとどう向き合うのか・向き合っているのかということが問われ続けるのではないでしょうか。子どもをより良く教育する・鍛える、ということを、外からの評論家ではなく、内からの当事者として語るとき、「主体的」というスローガンを超えたプロフェッショナルとしての「寄り添う」ことへの決意と覚悟が必要なのです。

　本書は、今必要な教師の指導のあり方の具体について論じていますが、それは、いつでもどこでも通用する「方法」や「技術」を超えた、教師の子どもへのまなざしの置き方（いわゆる「観」）の存在を皆さんと共有するものです。本書で共有したまなざしを、さまざまな立場・経験の先生方に応じて、自校の・自分の学級ならではの物語の中で子どもたちに注いでいただければと思います。

　末筆ながら、本書が刊行できましたのは、きめ細やかなご配慮をいただいた文溪堂編集部の立木拓郎様、装文社の池田直子様のおかげであります。深く感謝いたします。

令和５年７月

兵庫教育大学　勝見　健史

著者紹介

勝見 健史（かつみ・けんじ）

1963年神戸市生まれ。兵庫教育大学大学院学校教育研究科教育実践高度化専攻教授。早稲田大学大学院教育学研究科博士後期課程修了（博士・教育学）。公立小学校勤務後、神戸大学発達科学部附属住吉小学校文部教官教諭、京都ノートルダム女子大学心理学部心理学科学校心理専攻助教授、を経て現職。専門は国語科教育学、教育方法学（評価論）。文部科学省検定教科書「新しい国語」編集委員（東京書籍）。

【主な著書】

『ビフォー・アフターで取り組む国語科授業デザイン－「主体的・対話的で深い学び」へのアプローチ－』（文溪堂）、『「活用」の授業で鍛える国語学力－単元・本時デザインの具体的方法－』（文溪堂）、『新学習指導要領における資質・能力と思考力・判断力・表現力』（文溪堂・共著）、『実践教育評価事典』（文溪堂・共著）、「学びを見とる『鑑識眼』を磨く」（ブックレット⑦『国語科の授業づくりと評価を考える』全国大学国語教育学会・共著）、「質的評価の力量としての鑑識眼の意義と新たな可能性」（『教科教育学研究の可能性を求めて』風間書房・共著）、「国語科の単元デザインと授業構想」（『初等国語科教育』ミネルヴァ書房・共著）、「大村はまの指導観に学ぶ－『仏様の指』としての学習のてびき－」「学びをメタ思考する言葉を育てる－ポートフォリオで語られる言葉から－」「言葉を通して思考力を鍛える－関係づけて読む思考を通して－」「教師の専門的力量を高める授業研究のあり方」「形成的評価としての教師の『臨機応変な指導』－教師の『評価言』に焦点を当てて－」（以上、『教育フォーラム』金子書房・共著）、など多数。

イラスト／株式会社イシュー

装丁・デザイン／川尻まなみ（株式会社コスミカ）

DTP／三浦明子（株式会社コスミカ）

編集協力／池田直子（株式会社装文社）

国語科 主体的学習における教師の「指導」
―学習のための指導・学習のための評価―

2023年7月　第1刷発行

著　者	勝見健史		
発行者	水谷泰三		
発行所	株式会社**文溪堂**		
	東京本社／東京都文京区大塚3-16-12	〒112-8635	TEL（03）5976-1311（代）
	岐阜本社／岐阜県羽島市江吉良町江中7-1	〒501-6297	TEL（058）398-1111（代）
	大阪支社／大阪府東大阪市今米2-7-24	〒578-0903	TEL（072）966-2111（代）
	ぶんけいホームページ　https://www.bunkei.co.jp		
印刷・製本	株式会社太洋社		

ISBN978-4-7999-0486-2　NDC375　128P 182mm × 257mm

落丁本・乱丁本はお取り替えします。定価はカバーに表示してあります。